読むこと　観ること

窪島誠一郎
Kuboshima Seiichiro

アーツアンドクラフツ

はじめに——「読むこと」と「観ること」

1

活字離れとか、本が売れなくなったとか、はたまた出版不況とか、今や本というものが世の中からどんどん消えていく、そんな時代が来ているようです。

とりわけ、「ｉｐａｄ（アイパッド）」や「スマートフォン」とかいう画期的な文明の利器が登場し、森鷗外から村上春樹まで、指の先で端末画面をちょんちょんと突っつくだけで読めるようになり、もはや「紙の時代は終わった」とまでいい切る人たちもいるくらいです。

そんな光景に接すると、わたしのように子どもの頃から大の読書好きで、夕暮れまで本屋さんの店先で立ち読みしたり、あるいは放課後、学校の図書館でベルが鳴るまで本に読みふけっていた人間は、これから何をたのしみに生きてゆけばいいんだろう、などと考えてしまいます。

この世の中から本が消え、本屋さんが消えてしまうだなんて、大げさでなく、それは人生最大の喜びを失うことです。夢をうしなうことです。

少年時代、あるいは青年時代に豊かな読書体験をもったわたしのような人間には、最近のこの本離れ、活字離れは、ほとんど「生きがい」離れといっていいくらい寂しい状況でもあるのです。

では、読書というものがわたしたちの生活の中でどういう役割を果たし、わたしたちが生きるということにどういうかかわりをもっているか、考えてみるんですけれども、それをひとくちで説明することはなかなかむつかしい。

ただ、一ついえることは、本に書いてある知識であるとか、あるいは学問とか教養であるとか、そういうものを得ることだけに読書があるのではないということです。読書にはもっと大きな、忘れてはならない大切な役割があるような気がします。それは、その本を読んでいる時間、その本と共有している時間ではないかと考えるのです。

一ページ一ページ本をめくって、静かにその本に書かれている言葉と向き合い、その言葉を自分の頭の中、心の中に取り入れて、それを理解し咀嚼《そしやく》して、また次の行、次のページへとすすんでいく。これは大変手間のかかる、しかも非常に集中力を要求される作業であるといえるでしょう。

しかし、それが読書という営みのもつ醍醐味であり、一番おいしい時間といってもいいのかもしれません。

日常自分が考えていることや、それまで抱いていた物事に対する考え方とか観察とか、そういったものを本の中の文章と向き合わせることによって、そこに自分のもっている言葉と、他者のもっている言葉、例えそれが歴史上の名だたる大文豪であろうと、あるいは高名な哲学者であろうと、今売れている話題のベストセラー作家であろうと、そういう人たちの言葉と交流させる、そうした大変得難い時間、それが読書というものではないかなと考えるわけです。

つまり本を読むことは、本を書いた著者と向き合うと同時に、その本と向き合っている自分と出会う、「あ、自分は日頃そういうことを考えていたのか」「自分はそんなふうにものを感じる人間だったのか」ということを発見する、あるいは再確認していく、そういう営みの時間をいうのではないか。読書という時間は、何をおいて「自分を知る」という作業のとても大きな部分を占めるものではないかなと考えるのです。

そう、最近子どもたちが本を読まなくなった、あるいは青年たちが読書をしなくなったということは、かれらが「自分を知る」時間を失いつつあるということではないでしょうか。

本を読まなくなった結果、ものを考える力がすごく弱まった、想像力や空想力を働かせるという、人間が本来もっているであろう能力が、だんだん萎えてきてしまった。自分という人間がどういう人間であるか、何を考え何をしたくてこの世に生まれてきた人間なのか、そういうことに対する関心とか興味とかがしだいに劣化してきてしまった。
今やそういう不幸な状況が生まれつつあるのではないか、と思っているのです。

2

でも、そうした読書の目的は、何も「紙の本」でなくても「アイパッド」だって果たせるんじゃないか、という意見の人もいるでしょう。「紙の本」だろうと「アイパッド」だろうと、本を書いた人の言葉を読者にとどけるというツールには変わりないのだから、それはべつに端末機器の画面で読んでも同じことではないかという考え方です。

たしかに、読むがわにとって「紙の本」を持ち歩くのは重いし、「アイパッド」なら好きなときに好きな場所で、しかも何百冊も収められている本のなかから読みたい作品を選んで読むことができます。また、重い書物を手にすることのできない障害をもつ人などにとっては、「アイパッド」は読書のバリアフリーとして大切な役割を果たしているといえるでしょうし、健常者にとってもそれは大変便利で効率よく「読書の娯《たの》しみ」を手に入れるツールであるのもじじつです。じっさい、最近では通勤の車内や会社の休み時間に、「アイパッド」読書している人の姿をよく見かけるようになりました。「アイパッド」での読書は、「紙の本」にくらべて圧倒的に労力の負担が少ないし、手軽だし、その便利さはけっして否定されるべきものではないと思っています。

けれど、といいたいのです。

さきほど、わたしが伝えた「読書」の魅力——一ページ、一ページ本をめくって、自分の言葉と作者の言葉を向き合わせ、また次のページ、次のページへとすんでゆくというきわめて非効率で手間のかかる「時間」というものが、「アイパッド」読書では得られないのです。何どもいうように、「読書」とは「本を読む」ことを指すと同時に、「本を読む時間」をあらわした言葉なのです。そういう意味からいうと、やはり「読書」は「紙の本」によってこそ為されるべき営みといえるでしょう。「紙の本」のもつ厚み、重さ、質感、活字や紙の匂い、もちろん表紙のデザインや挿画の魅力、それらすべての総合体が「本」なのです。そして、本を読む人間は作家の言葉を読むのと同じように、そうした印刷物の総合体としての「本」を味わうのです。

どんな作家や研究者も、一冊の本を書くのには何年、何ヵ月もの時間を費やします。考えに考え、練りに練り、血を吐くような思いで一語一語を原稿用紙に綴り、パソコンに打ちこみます。その結晶が「一冊の本」となり、わたしたちの手にとどけられるのです（もっとも、作者の全員が血を吐く思いで文章を書いているわけではなく、なかにはゴーストライターに書いてもらったタレントさんのベストセラーもありますから、それはここでいう「読書」の対象ではないことにしましょう）。とにかく、そうした命懸けの苦労のなかから生まれた一冊の本と、それを読む自分という人間とが共感し合うのは、書かれている小説やエッセイの筋書きや文章のテクニックだけではないのです。「この作家はどうしてこの本を書きたかったのか」、そして「自分はなぜこの本を読もうとしたのか」という、いわば互いの人生観や恋愛観や死生観や……その他さまざまな価値観を対峙させるのが「読書」という行動の目的なのです。それを印刷された言葉だけではなく、その本のもつ重量、紙の手触り、活字の匂いのなかで感じとることが重要なのです。

くりかえしますが、わたしは「アイパッド」読書を否定する人間ではありません。じじつ、わたしだって旅先には必ず「電子辞書」を携帯していますし、基礎的な知識や情報を得るのにインターネットのお世話になることもしばしばです。しかし、旅先で読みたい本は、いつも二、三冊鞄のなかに詰めこんでゆくのが習慣になっています。目的地までその「紙の本」といっしょに旅をしている、ちょっとオーバーに言えば、その本を書いた作家と旅をしているという感覚が好きなのです。この感覚だけは、「アイパッド」では味わえないのです。

3

わたしは長野県の上田市という、人口十五万ほどの地方都市の町外れで、小さな美術館を営んでいます。今年で開館二十七年めをむかえたその美術館は、先の

＊美術館
戦没画学生慰霊美術館「無言館」。一九九七年開設。

「無言館」正面

太平洋戦争や日中戦争に出征して亡くなった画学生、つまり戦死した画学生の遺作や遺品を展示している美術館*です。

十五年ほど前に、その美術館の傍らに小さな小さな図書館が誕生しました。図書館といっても、わたしが今まで個人的に手元に所蔵していた、およそ二万五千冊ほどの本を並べたささやかな施設ですけれども、「オリーヴの読書館*」と名付けた小さな図書館をつくったのです。

なぜ美術館の傍らに図書館をつくったのか。

考えてみれば今は、「活字離れ」だけではなくて、「絵離れ」「美術館離れ」というのもすすんでいます。だんだん一般の方々が美術館に足を運ばなくなっている。絵や彫刻を見にこなくなっている。

いやそんなことはないだろう、新聞を見ても有名な画家の展覧会や、印象派の絵描きたちの展覧会なんかは大変賑わっている。チケットを買うのに長蛇の列ではないかと、そうおっしゃる方もいるかと思うのですが、それはあくまでもテレビや新聞雑誌等で宣伝されている、歴史上有名な西欧の巨匠や、いつもテレビに

*オリーヴの読書館　二〇〇八年、「無言館」に隣接して「第二展示館」が開館し、その一角に約二万五千冊を開架で並べている。

「オリーヴの読書館」が入る「無言館　第二展示館」

出ている人気タレント画家の展覧会のことで、日常の中でごく自然にぶらりと美術館に足を運んで、自分の好きな画家や彫刻家の作品と向かい合う人はだんだん少なくなっているのです。携帯電話やネットに追われる忙しい現代社会のなかでは、なかなかそういう時間をもてなくなっているというのが実状なのかもしれません。

つまり、これは先ほどいった、「読書離れ」「活字離れ」、わたしたちの日常から本を読む機会がだんだん少なくなってきている現状と同じで、わたしたちの美術館という仕事だって「絵離れ」「美術館離れ」、今や図書館ともども崖っぷちに立たされているといってもいいでしょう。

それではなぜ、この崖っぷちに立たされている美術館の傍らに、やはり同じように「活字離れ」が叫ばれている、この時代のなかではすでに衰退が予測されている図書館をつくったのか。まあ、いわば崖っぷち仲間（？）である二つの施設を、なぜ背中合わせにつくる気持ちになったのか。

そのことを説明しなければなりません。

さっきいいましたように、わたしの美術館は戦没画学生慰霊美術館「無言館」という、どこかでお聞きになった方もいるかと思うんですが、先の太平洋戦争や日中戦争などで戦死した画学生たちの絵ばかりを展示している美術館です。

一般の美術館のように、ロダンの彫刻やピカソの絵がならんだり、東山魁夷*や平山郁夫*といった有名画家の絵がならんでいる美術館ではなく、かつての戦争によって戦死を余儀なくされた画家のタマゴたちが出征直前に描いた作品、いわば「最後に描いた作品」がかざられているという、ちょっぴり変わった美術館が「無言館」なのです。

いうまでもなく、美術館というところは、絵描きの描いた絵や、彫刻家のつくった彫刻、最近ではインスタレーション*だとか映像だとか、いろんな新しい空間芸術が生まれていますが、そういった表現者の造形物、造形作品を展示して、それを観賞する場所のことです。

そして図書館というところは、これも先ほどいいましたように、先達の多くの

*東山魁夷（ひがしやま・かいい）
一九〇八～一九九九年。画家、版画家、著述家。昭和期の日本画家の一人で、風景画家として多くの作品を残した。

*平山郁夫（ひらやま・いくお）
一九三〇～二〇〇九年。日本画家、教育者。仏教・シルクロードなどをテーマとした作品が多い。

*インスタレーション
一九七〇年代以降、絵画・彫刻・映像・写真を据つけ、展示空間を含めて作品とみなす表現手法の一つ。

作家たちや、古今東西の思想家たちの著作に触れ、一ページ一ページ本をめくって、そのめくった本から言葉を吸収し、日頃の自分が何を考え、何をどう感じている人間であるかを確かめる空間、場所です。まあこれは、わたし流の解釈ですけれども、とにかく図書館というものは、そういう役目をもっているのだと思っているのです。

では、なぜその二つの施設を背中合わせにつくったのか。

4

わたしは人間という生きモノは、「走る」「歩く」「前進する」「進む」、もちろんそのことはとても大事なことですけれども、同時に「立ち止まる」「佇《たたず》む」「歩を休める」、それもまた大事なことだと思っているのです（「歩」という字のなかには「止」という字も入っていますね）。つまり歩き続け、走り続けているあいだは、自分の走っている姿、歩いている姿というものが、なかなかつかめない。

見えない。自分が何処を歩き、何処に向かって走り、何に向かって進んでいるかということが見えない。

一つの目的地に向かって、一生懸命汗をかいて走っていると、その最中には自分の進路がいったいどっちに向かっているのか、あるいは最初に思っていたところではない方向に向かって進んでいても、そのことがわからない。しかし、「足を止める」「佇む」「静止する」、これは自分の走ったり歩いたりしている、生きている自分の姿というものを見返る、ふりかえるということです。そして、先ほどいった本を読むという行為、読むという時間、それこそが「止まる」「佇む」ということだと思うのです。

そういう意味では、美術館も図書館もわたしは同じ役割をもっているんじゃないかと日頃から思っています。自分の姿を見つめる。自分が何に向かってどう生きようとしているかを振り返る。そういう意味では、美術館、図書館いずれの空間も、目的を一つにしているのです。

わたしたちは戦地で亡くなった学生、生きて帰ったら絵描きになりたい……、もっともっと絵を描いて一人前の絵描きになりたい……という志や夢をもちながら戦地から帰ってこれなかった画学生の遺作や遺品のならぶ「無言館」から出てきたとき、そのまますぐに日常にもどってゆくということにためらいをおぼえます。

今わたしたちは、コンピュータに追われ、携帯電話に追われ、濁流のように押し寄せる情報のなかに生きていますが、戦地から帰ることのできなかった若者たちの「命の証《あかし》」とでもいうべき作品と向かい合ったあと、一足飛びにそうした自分たちの慌ただしい日常、喧噪のなかにもどってゆくことにためらいをおぼえるのです。すぐにそうした環境に自分を放り込むのではなくて、その一歩手前で「立ち止まる」というか、「振り返る」というか、自分が今何処に立っているか、何を考えているかを確かめる、そういう時間をもちたい。だれもがそんな気持ちにおそわれるだろうと思うのです。

それは、「戦争」を考えることであり、「平和」を考えることであり、ある人にとっては「人間」、あるいは「人生」を考えることでもあります。志半ばで戦場に散った画学生の絵をみて、あらためて「自分はどう生きるべきか」あるいは「どう生きてきたか」、「自分はこれから何をもとめて生きればいいのか」といったテーマを心に抱く人も多いでしょう。そんなとき、わたしたちは日頃の忙しい日常からいったん離れ、心のなかに静寂を生じさせることが必要なのです。日常の生活のスイッチをオフにして、ゼロから自分の足元をみつめてみることが必要なのです。

そう、ここまでお話してくればわかるように、「無言館」という美術館のすぐ傍らに「オリーヴの読書館」という図書館を建設したのは、ひとえに「立ち止まって下さい」「振り返って下さい」「今そこにいるあなたをあなた自身でみつめて下さい」、多くの人にそうよびかけたくて、わたしは戦没画学生慰霊美術館「無言館」の傍らに「オリーヴの読書館」をつくったわけです。

ちょっと長くなりましたが、この本を書きはじめたのは、人間が立ち止まることの大切さ、それはことによると「前進し突き進む」ということと同等の価値をもっているのではないか、そう考えたからです。

そうした目的のためには、美術館や図書館はもっともっとこれから人間生活のなかに根を下ろし、わたしたちにその大切な「立ち止まる」「自分をみつめる」という時間を取り戻す努力をしてゆかねばならないでしょう。そして、美術館や図書館には、本来そういう役割があるのだということを、少しでも多くの人にわかって頂けたらと思って、書きはじめたのがこの本なのです。

目次

カバー写真◉表「オリーヴの読書館」内観
裏「残照館」内観
装丁◉林 二朗

読むこと　観ること

一章

美術館と図書館

1

美術館と図書館――、この二つの施設がもつ機能というのは、人間がものを考え、自分をみつめるための仕掛けであるともいえます。かならずしもそこで学問を習得するとか教育を受けるとか、そういうためだけにあるのではなく、人間が書物や美術作品にふれることによって、日常味わうことのなかった感性を育てる場所です。それがわたしの一番いいたいことなのですが、しかしながら、美術館と図書館というものには、大きな違いがあることもじじつです。

美術館というところには、壁面に絵が飾ってあったり、あるいは彫刻が置いてあったり、場所によっては映像であったり機械であったり、他の方法や素材でつくられた色々な作品が飾られています。鑑賞者はその作品と作品との間をあるきながら、まあいってみれば画家たち、彫刻家たち、その他いろいろな造形者たちがつくったその作品のもっている空気、そこに存在している眼にみえぬ空気を味わう。その空気のなかをわたしたちはあるいてゆく。

わたしたちは、子どもの頃から美術館というところは、有名な絵描きさんの描いた絵を見る、外国からやって来た教科書に載っている有名な絵を見る。そういうところだと思って育ってきました。

そうした絵を見ることによって

「あの教科書に載っている絵はこんな絵だったのか」

「思ったより小さいな」

「へー、こんな色を使っていたのか」

「こんな形の彫刻だったのか」

人口に膾炙《かいしゃ》した有名な作品をみることは、日頃から自分が想像していた作品と実際そこにある実物との違いを見つける。そういうことだと思いこんできたふしがあります。

たとえば、これはずいぶん前の話ですけれども、初めてルーブル美術館から「モナリザ*」が来た。あのダ・ヴィンチ*の「モナリザ」が、飛行機に乗ってやってきた。そして、それはそれは厳重な警護のもとに、上野の西洋美術館でその作品が公開された。「モナリザ」の作品の前には一分も佇むことができないほど、長い列をつくって満員の観客が詰めかけました。

その感想は

「あの有名なモナリザはこれだったんだ」

「ああ、この女の人が、あのモナリザなんだ」

わたしたちは、それまでの頭のなかで思い描いていた、想像していたモナリザの作品と実際の作品とを比較して、なるほどと思ったり、とにかく本モノのモナリザと出会ったことで、胸を高鳴らせるわけです。

しかし美術館という場所は、そういうことのためだけにあるのではない。

むしろその作品の前に立ったときに自分の気持ちがどう変わるか？　どんなふうに変化するのか？　そういう日常自分が味わったことのない、あるいは見たこ

＊モナリザ
レオナルド・ダ・ヴィンチの油彩画で、一五〇三年から一五〇六年に制作されたとされている。パリのルーブル美術館の常設展示作品で、日本では一九七四年四月二十日から六月十日に東京国立博物館の「モナ・リザ展」で公開された。入場者数は約百五十万人。

＊レオナルド・ダ・ヴィンチ
一四五二〜一五一九年。イタリア・フィレンツェ近郊のヴィンチ村の出身。ルネサンス期の代表的な芸術家。

とのない未知の自分と出会うということも美術館の大きな役割なのです。

従来わたしたちはこの競争社会、資本主義社会の中で、お金を数えたり物を売ったり、買ったり、色んな利害関係のある交渉ごとに頭を悩ませながら生きていますけれども、美術館という空間に放り出された自分は、そうした日常から切り離されたところに立っているわけですから、日常にはなかった自分と出会うことが出来る、それだけは確かなことなのです。

ですから、ここで肝要なのは、「このモナリザは買ったらいくらするんだろう」だとか、「なぜこの絵は人気があるんだろう」だとかいう疑問をもたないことです。そうでなければ、せっかく美術館にきて「モナリザ」の本モノと出会った意味がありません。「いくらするんだろう」とか「なぜ、人気があるんだろう」とかいった疑問は、何も本モノの「モナリザ」をみなくてももてるからです。もっというなら、そんな邪心(?)にとらわれていては、いつまでも「日常の自分」、お金や利害や、ふくざつな人間関係に追いかけられている「現実の自分」から離れられないからです。「日常」から切り離された自分と出会うには、もうちょっとちがった角度から「モナリザ」をみなければなりません。
たとえば
「この女の人の眼は、何だかとても妖《あや》しいな」
だとか
「ふっくらした肩の線がきれいだな」
だとか
「背景の風景は、どこかでみたことがあるぞ。いったいどこの国の風景なんだ?」
だとか
「だいたいダ・ヴィンチという人は、どうしてこういう絵を描く気になったんだろう」
だとか、もっともっと「モナリザ」という作品そのものがもつ魅力、それを描いたレオナルド・ダ・ヴィンチという画家が何を考え、どんな気持ちでこの絵を描いたか、そちらのほうにも関心をもってほしいのです。それは、ある意味で、あなたがもっともっと「モナリザ」と親しくなるということでもある。そうすれば、かならずあなたは、ふだん自分でも気づかなかったもう一人の、新しい自分を発見することでしょう。

そう、「新しい自分」とは、「モナリザのようなナゾの美女の前で息をつめて立っている自分」であり、「できればモナリザの背景の美しい場所に行ってみたいと夢みている自分」なのです。

2

重ねていいますが、一点の絵に「感動」するということは、あなたがこれまで日常生活のなかで抱いたことのない感覚、情緒、精神、そういうものをゆさぶられたときのみ発生する、人間特有の活性化ホルモンのようなものです。アドレナリンのようなものです。

たとえばもう一人、わたしの好きな画家に松本竣介*という絵描きがいる。わたしが初めて松本竣介の絵をみたのは、ちょうど十七、八歳頃だったでしょうか。

＊松本竣介（まつもと・しゅんすけ）
一九一二〜一九四八年。洋画家。モジリアーニやルオーなどの影響を受けたが、清澄な抒情に満ちた都会の風景や市井の人々を描いた。

鎌倉近代美術館――あの頃わたくしたちは愛情をこめて「カマキン」とよんでいましたけれど、正確にいいますと、鎌倉鶴岡八幡宮境内にあった「神奈川県立近代美術館」*のことです。近代という名前を冠した美術館としては、昭和二十六(一九五一)年でしたか、日本で初めてつくられた公立美術館ですが、そこで初めて、本モノの松本竣介の作品と出会いました。

ご存知の通り松本竣介という人は、戦前から華々しい才能を発揮して、二科展、新人画会といったいくたの展覧会で実力を発揮し、また「雑記帳」という雑誌を発行し、軍国主義一辺倒に傾いてゆく時局に対して積極的な発言をつづけた絵描きさんですが、惜しくも戦争が終って間もなく、気管支喘息で三十六歳で他界しました。この大変全国的にも人気のある松本竣介の絵は、わたしにとっても、非常に大きなインパクトをあたえられた作品でした。

その竣介の絵と十七、八歳のとき初めて出会った印象は、今でもよく覚えているのですが、それはたまたま「街」というタイトルが付いた絵で、ブルーと深い緑と黒の色彩に彩られた神秘的なマチエール(質感)のなかに、市場の風景が描

*神奈川県立近代美術館　平成二十八(二〇一六)年に閉館。現在は鎌倉別館と葉山館からなる。

かれ、そこには買い物をしたり、買い物籠を提げたり自転車に乗っかったり、そういう市井の人たちの姿が描かれている絵でした。絵が描かれたのが昭和十七年、戦争が始まって間もない頃でしたから、どこか慌ただしいふんいきのただよう、社会の片すみで暮らす庶民の生活が描かれている作品だったのですが、しかし、不思議なことに、わたしはその絵の前に立ったときに今まで味わったことのないような、とても懐かしい、ずっと以前から自分はこういう世界に生きていたんじゃないかというような、ひどく懐かしい親しみを覚える空気を感じたのです。

わたしは昭和十六年の十一月生まれ、一九四一年十二月八日の太平洋戦争が始まる直前に生まれた男ですから、松本竣介という絵描きさんがその「街」という絵を描いたのは、まあいってみれば、わたしが赤ちゃんになってこの世に生まれた頃のことなのです。その松本竣介の絵の底から伝わってくるシーンとした静けさと、その静けさの向こうにある緊張感のようなもの、いってみれば何かこれから悪いことが起こるんじゃないだろうか、何か大変不吉なことが起こるんじゃないだろうか、といった不安感のようなもの。そんな静けさと不安感が、わたしにはとても懐かしいものに思えたのでした。

わたしが松本竣介のその絵と出会った頃は、まだ高等学校に通っていた頃で、将来自分がどうなるんだろう……、どうやって生きていけば良いんだろう……、そういう不安感いっぱいで生きていた頃でした。家は貧乏でしたし、将来大学には進めないとわかっていましたから、まあ大袈裟にいえば絶望のふちにあったというか、お先真っ暗というか、青春期の色んな不安や恐れがおそいかかっていた、そういう日々でした。

そうしたなかでみた松本竣介の「街」は、非常に懐かしい、たしかに自分もこの絵のなかに生きていたんだという感覚を呼び起こさせるような、そういう印象をわたしにあたえたのです。

先ほど日常の中にはない、新しい自分に出会うというような言い方をしましたけれども、わたしはこの松本竣介が描いた絵と鎌倉近代美術館で出会わなければ、自分がそういう風景のなかに、そういう不安と静けさといったような懐かしさを覚える、そんな感覚をもっている人間なんだということに、終生気づかずにすごしていたのではないでしょうか。松本竣介の「街」という絵は、そういう風景に自分の心がふるえるという事実、感動するという事実、それを知らせてくれる絵だったわけです。

それはけっして、松本竣介という絵描きさんを理解したとか、その画家の絵が素晴らしい芸術性をもつ作品だということがわかったとか、そういうことではなかったかもしれません。また、松本竣介が生きた時代のことがわかったとか、画家の仕事が美術史の上でどのような位置にあるかが判明したとか、そういうことでもなかった。いいかえれば、その絵の前に立った自分のことがわかった、その絵と自分の関係がわかったということだった気がします。

つまり美術館には、表現者がつくった作品のならぶ空間を歩くことによって、人間が新しく生まれ変わる。あるいは忘れていた自分、気づかずに過ごしていた自分に気付く。そういう可能性がある。その作用が実は美術館ならではの、美術館にしか果たせない大きな役割なのではないか、今あらためてわたしはそういうふうに思うのです。

3

さて次は図書館です。

図書館もやはり美術館と同じように、人間を日常とはかけ離れた異空間に招き入れてくれる、そういう役目をもっています。ただ美術館と違うのは、まあ当然のことですけれども、書棚には本がならんでいます。「文学」「美術」「芸術」「歴史」「音楽」「人文地理」、あるいは「百科事典」とか「辞典」とか、沢山の専門的な分野の書物をそろえて待っていてくれるのが図書館です。

わたしたちは図書館に一歩足を踏み入れますと、まずそこにある書物が何百冊、何千冊と積み重ねられ、ならべられている、その本の量、数、それに圧倒される。こんなにも多くの書物が、多くの研究家や書き手によって、また多くの編集者、その本を刊行する企画を打ち出した出版社の人たち、そうした専門家たちの手によって、生み出されている。まずわたしたちは図書館に一歩足を踏み入れると、そのことに圧倒されるといってもいいでしょう。書物の森といって良いのでしょうか、壁といって良いんでしょうか。何はさておき、それにわたしたちは圧倒されるわけです。

そうです、少々暴論めきますけれども、図書館はまず「質」より「量」なのです！

もちろん図書館というのは、まあこれはある意味で美術館も同じなのですけれども、ある特定の自分の興味のある書物を手に取るために、その書物を読むためにそこを訪れる場合が多い。

「今日は、あの小説家のこういう本を読もう！」

「今日は、あの時代のあの歴史のことを勉強してみよう！」

そういう目的をもって図書館に足を運ぶ。

先ほど美術館も同じだと申し上げたのは、美術館もまた

「あの美術館には、あの画家の、あの絵描きさんのああいう絵がある」

「あの絵を久しぶりに見てみよう！」

そういう目的をもって訪れる人が多いからです。

しかしわたしがここでいう図書館の効用とは、今までも何ども繰り返しているように、そういうことではないのです。

先ほど何気なく本の森、本の壁といいましたけれど、その本の森、本の壁、それと向かい合う時間が何より大切なのです。こんなにも沢山の本がこの世に生まれ、誰かの手に取られることを待っている。読まれることを待っている。まずそのことを実感することが大切なのです。

美術館に飾ってある絵は、その飾ってある作品の前を通った人の目には自然にふれます。人には好きずきがあって、何気なく通りこしてしまう絵もあるし、足を止める絵もある。関心がわかない絵もあれば、関心のわく絵もある。しかし、何にせよ美術館の場合は、その壁の前を歩いた人たちには均等に、壁に飾ってある作品とふれる機会があたえられる。置いてある彫刻とも、均等に出会うことが出来る。

しかし書物というのは違います。書棚からその本を手に取って、ページをめくらなければ何も始まらない。手に取った人がその本の中身に目を通して、読んでもらって初めて、その本の価値がわかるわけです。

ですから何気なく通っていても、絵が自然に眼にふれてしまう美術館とは大きな違いがある。図書館っていうのは、興味のある、関心のある特定の本、あるいは家を出るときからそれを調べようとしていた場合は、その目的に沿った本を書棚から出して手に取ってもらって、初めて人間と書物の関係がそこに生じる。

しかしそれだけでしょうか？　それだけが図書館の目的でしょうか？

わたしは違うと思うのです。その人が手に取る以前の書物、読んだことも手にふれたこともない書物、その存在じたいに尊敬の念を抱き、敬愛の思いを抱くということ。それもまた図書館に足を踏み入れた人に対して、図書館という空間があたえる、非常に大切なものであるような気がするのです。

もうちょっと、くわしくのべてみましょう。

先ほどいいましたように、ものを書く人や研究者が論文や小説やエッセイを書く、あるいはイラストやマンガや絵を描く人もいる、しかしその人たちだけで、そんなふうに直接的に「本を書くこと」に携わった人たちだけで本が出来るわけではない。当然のことながらそこにはその本の出版を企画した人、そして編集した人の存在がある。

また、本の刊行に欠かすことが出来ないのが校閲です。言葉の間違いがあってはいけない。あるいは事実誤認というのでしょうか、書いた人の勘違いや覚えていたこととの記憶違いというのがありますから、そういうことを正すために検閲して調べる人がいる、そして、そうした専門の人だけがあつまる校閲課という部門がある。

もっともっと広げれば、そうした原稿を印刷して本という形にするという過程で、多くの職人さんたちもかかわっている。装幀家もいるしブックデザイナーといった人たちもいる。製本する人もいる。一つ一つの本は、そういう多くの人々のチームワークの力によって作り上げられているといっていいかもしれません。

そうです。

本は一つの表現物、本というものじたいが一つの表現物なのです。それは、そこに書かれている文章や内容がもっている表現とはまた違う、違うというか、別の価値をもつものです。本の価値のなかには、そこに書かれている内容以外の、その本という物体そのものをつくりあげた人たちの、努力や才能が関わって出来た価値というものがあることを知ってもらいたいのです。

本というものは、そういう目に見えぬものによって、多くの匿名の人たちの手によって支えられ、その努力が束ねられてつくり上げられたものであることを忘れてはいけない。

4

わたしはこんな思い出をもっています。子どもの頃から、わたしはものを書いたり絵を描いたりすることが好きでした。家は貧乏でしたけれども、父や母が、あの頃は藁半紙《わらばんし》といって、一枚五十銭か一円くらいでしたか、何も書いていない白い紙を買ってくれました。朝から晩までそこに絵を描いたり文字を書いたり。それはそれは楽しいひとときでした。あの頃は原稿用紙なんて使う、そんな生意気な子はあまりいなかったような気がします。たいていの子どもは、藁半紙や画用紙に文章や絵を描いていたものです。

そしてそんな小学校、中学校時代、わたしはとても本に憧れていました。本を手に取ることが好きでした。これは後でもう一どお話しようと思うんですが、読書が好きだとかいうこととはまた一つ違って、本という存在そのものが大好きだったのです。

日本の近代文学のなかには、「芥川龍之介*」とか「島崎藤村*」とか「森鷗外*」とか「太宰治*」とか、もう聞いただけで、ああ、すごい偉い人だな～と思えるような作家の先生がたくさんいます。歴史上の作家たちがよく、本がぎっちり詰まった書斎で仕事をしている、あるいは、ぎっちり本が詰まった書棚を背景にして、何か深刻な表情でこちらをみつめている写真がある。それをみて、小さい頃のわたしは、かっこいいなと思いました。ああ、何てかっこいいんだろう。

*芥川龍之介（あくたがわ・りゅうのすけ）
一八九二～一九二七年。小説家。東京帝大在学中に同人誌『新思潮』を創刊、夏目漱石の門下となる。『羅生門』『鼻』『歯車』『或阿呆の一生』など多数の小説を書き、一九二七年七月、自宅にて服毒自殺した。

*島崎藤村（しまざき・とうそん）
一八七二～一九四三年。詩人、小説家。北村透谷らと『文學界』を創刊、詩集『若菜集』を刊行。一九〇六年、『破戒』を刊行し、自然主義の小説家として出発した。代表作には『春』

あの、かっこいいと思った、あのかっこよさって、いったい何だったんだろうって今でも思うのです。それはさっきいった書物というものの存在の凄さというか、重さというか。それが幼かったわたしにも、何か大きなインパクトをあたえていたに違いないのです。作家たちがエラクみえたのには、その作家の背景にあるたくさんの書物の存在、それが大きな役割を果たしていたに違いないのです。ですからわたしは、授業が終わった放課後、図書館に行くのがとても好きでした。図書館の本の並んでいる書棚のそばにゆく。そこに行くことじたいが好きだったといってもいいのです。

もちろん図書館ですから、机が置いてあって、本を読まなければならない。みんな本を読んでいます。なかには受験勉強とかテストの勉強をしている人もいましたけれど、とにかくみんな、真剣な顔をして本を読んでいる。

でも、わたしの場合はちょっとちがっていて、「ああ、これ面白そうだな」「この本よさそうだな」。引っ張り出して来て机の上において、「さあ、読もう！」「読書をしよう！」、もちろんそういう時もなくはなかったですけれども、わたしの

『家』『夜明け前』など。

＊**森鷗外（もり・おうがい）**
一八六二～一九二二年。小説家、評論家、軍医。東大医学部を卒業後、陸軍軍医となりドイツに留学。帰国後、小説『舞姫』などを発表。代表作に、『雁』『高瀬舟』『渋江抽斎』など。

＊**太宰治（だざい・おさむ）**
一九〇九～一九四八年。小説家。青森の旧制弘前高校時代から小説を発表、東京帝大入学後、井伏鱒二に弟子入りする。たびたび自殺を繰り返し、最後は一九四

場合は大半が、その図書館というところに行って机に座って本を眺める、本を見つめる、本の手触りをたのしむ、とにかく本といっしょにいることが好きだったんです。とても好きだった。

さっきもいったように、図書館には多くの人々が本をつくろうと思って頑張った、そうした書物がぎっちりと詰め込まれている書棚があるのです。そして、そこにはたくさんの小説や全集のタイトルの書いた背表紙がならんでいます。その前に立つとなぜか心が震えるような興奮を覚える。静かな感動を覚える。わたしはその瞬間が、たまらなく好きでした。

たとえば奈良とか京都などに行って、神社、仏閣、古い歴史をもった建造物の前に立つと、同じような気持ちになることがあります。古《いにしえ》からその建物をつくることに一生懸命になっていた人々、一生を賭けてそれを守り通してきた人々、そういう人たちのさざめきがその建造物、あるいは歴史的遺産の前に立つと、自然に伝わってくる。何百年も前にそこで働いていた宮大工さんや棟梁の声がきこえてくる。まさしく図書館もそういう感覚、そういう感動をあたえてくれる場所だ

八年、東京三鷹の玉川上水で入水自殺した。代表作に『晩年』『富嶽百景』『斜陽』『人間失格』など。

ったわけです。

つまり、これも煎じ詰めれば、日常の自分が味わうことの出来ない感覚というのでしょうか。自分ではまだはっきりとはわからないけれど、本という存在の奥にひめられた神秘的な、今まで気づかなかった価値観のようなものに心をうたれたということなのでしょう。それはふだん、わたしたちが日々忙しく暮らしているなかでは味わうことの出来ないものです。図書館はそういう、本の内容だけが伝えるものではない、一冊一冊の書物そのもののもつ力、そういうものを伝えてくれる場所ではないかなと、わたしはそんなふうに思っているのです。

美術館と図書館——。非なれども、けっして非ではない。違ったもののようでいて、違ったものではない。わたしが自分の美術館の傍らに「オリーヴの読書館」を併設してつくった意味、その一部をお話してみたわけですが、わかってもらえたでしょうか。

二章

「活字離れ」と「絵離れ」

1

冒頭に申し上げたように、今の世の中はしだいに「活字離れ」がすすんでいます。ついでにいうならば「絵離れ」。今までわたしがいってきた「美術館」とか「図書館」というものが、だんだん現代の生活のなかでは不要なもの、役に立たないものとして片付けられていっている。そういう時代がやって来ているようです。今やかなり多くの人たちが本を読まない、本を手に取らない。情報や知識は、もっぱらインターネットやテレビから摂取されるようになり、携帯電話で小説や漫画が読める時代がきている。

たしかに一冊一冊、書棚から本を取り出してページをめくるなんて作業は、面倒臭いものです。面倒臭いといえば面倒臭い。一々ページをめくって、一行一行文字を追って文章を読まなくてはいけないわけですから、そこにはかなりの集中力と体力が要求される。多くの人がそうした努力をすることが億劫《おっくう》になったとしても、それはムリからぬことでしょう。

わたしたちの日常生活から一冊の本と一時間、二時間向かい合うという風景が、だんだん少なくなってきている、という現実を受けとめなければなりません。

もはや、全てがスピード時代です。わかりたい知りたいと思ったら、一時間でも一日でも早くその情報を得たい。わかりたい。そんな時、わざわざ本屋さんへ行って本を買って、あるいは図書館へ行って本を探して、それをめくるだなんて、そんな時間もったいないじゃないか。

しかし、ここで考えなければならないのは、だからといってわたしたちは、新しい情報や知識、学問に関心をうしなっているわけではないということです。本を手に取り、ページをめくる営みに面倒臭さをおぼえながらも、けっして本というものから得る栄養を必要としていないわけではないのです。

つまり、何をいいたいのかといえば、活字離れというのは、本当は活字そのものから離れているわけではないような気がするんです。「活字を読む」という行為の橋渡しをしてくれる、「本」という媒体から離れていっている。それがわたしたちの現在の生活なんだろうと思うのです。

2

美術館もそうです。

今やアナログの時代から地デジの時代になって、テレビも大変鮮明に美術館に展示されている作品を写し出すことが出来る。美術書でいうなら、印刷技術も大変進みました。わたしが子どもの頃にはよく眼にした、色や線がズレていたり、本モノと全然違うような、そんな画集はまったく見かけなくなっています。お金さえ出せば、本モノそっくりの印刷技術の優れた画集を手に取ることができる。つまり（少々乱暴な言い方になりますが）、わざわざそこに足を運ばずとも、ゴッホの描いた「ひまわり」や「糸杉」といった名作にも出会える。ルノワールの絵にも出会える。セザンヌの絵にも出会える。わざわざ美術館に行くなんて不要である。そういう感覚が受容されている、多くの人にそう受けとめられている時代が来ているような気がします。

ついこのあいだ、ちょっと面白い話を聞いたのですが、あるラジオの俳句の番組で、これはオホーツク海でしたか、北の方の海を詠《うた》った俳句でしたか、なかなか味わい深い句が紹介されていました。オホーツクの北の涯《はて》の海の凍てついた風景を詠んだ句で、流氷が流れ着いた、それが春になって季節がだんだん緩やかになり、流れ着いた流氷がやがて春の温《ぬく》みのなかでひび割れして、一つの流氷と一つの流氷にわかれてしだいに遠去かっていく、そういう劇的な自然の美しさを詠《よ》んだ俳句でした。そんな句が、ラジオへ一般の方から投稿されて、それが紹介されていたわけです。今はウロ覚えで、はっきり思い出せませんが、とても美しい素敵な句だったことをおぼえています。

あまりに情景が目に浮かぶような美しい句でしたから、そのラジオで審査をされていた俳句の先生が

「では、作者の方へ、お電話をしてみましょうか」

みたいな運びになり、その投稿した人に電話をかけてみることになった。

で、電話口に出た作者の方に
「素晴らしい句ですね。あの流氷の風景はどこで御覧になったんですか？」

と聞いてみたら、何とその人が
「わたし見てません、テレビで見たんです」

と答えたんです。

たまたまテレビで見た、テレビのニュースか旅番組でその流氷を見ただけで、流氷が春の季節のなかで溶けて、また海に戻っていくという、そういう美しい風景を俳句にしたというんです。

わたしは驚きました。とても驚いた。つまりその美しい俳句が生まれた、その対象となった風景はテレビで映し出されたものだったのです。

これははっきり言えることですけれども、テレビに出ているものは自然の物ではありません。どんなに美しい自然を撮影していても、それはテレビカメラという機材によって収録され、そしてそれが、ある一定の演出のもとに、ある時はトリミングされ無駄を落とされ、ある時は音響の効果を加えられ。まあ食べ物にたとえるなら、さんざん調味料が加えられて食卓に上った人工的な食品のようなものです。けっしてそれは、野で採れたり海で捕れたりした、あるいは川で捕れたりしたナマの食材とは違う。

しかし、このラジオ俳句への投稿者がいうように、そこからも俳句は生まれるわけです。テレビで見た風景に感動しても、俳句は生まれる。実際の風景を一どもみていないのに、名句が生まれるのです。

でも、どこかそぐわないものがあると思いませんか？

美術館であれ図書館であれ、そこに行って直《じか》に手に触れる、あるいは一冊の本と出会う。ページをめくる。この営みはけっして自分以外の人に代行されたり、代わりに味わってもらえる時間ではない。自分がそこに行かなければ得られない時間であり、自分にしか生み出せない時間のはずです。

ところが、このテレビ俳句（？）がしめすように、テレビでみた風景と実際の風景の区別をつけず、というよりその区別に気づかず、まるで自分が直接みたように錯覚してしまう。自分とは違う人間の手によって演出され、脚色され、時によっては都合よくカットされたものを、あたかも自分が実際にみたものと思いこんでしまう。考えてみれば、これは大変アブないことで、場合によっては人の心がテレビ局のつくる番組によって誘導され、コントロールされ、洗脳され、ときとして国家や政府に気に入られるような方向にひっぱられてゆく可能性さえもつ、ということでもあるのです。

3

もう一つ例をあげれば、アナウンサーや声優さんが本を読んでくれる「朗読」という行為にも、同じことがいえるような気がします。最近は大変「朗読」というものが評価されるようになって、一種のブームになっておりますけれども、それにも大きな落とし穴があるように思えるのです。たとえば、同じ文学作品であっても、発声や発言を訓練された一流のアナウンサーや声優さんが朗読すると、わたしたちはうっとりとその作品の世界にひきこまれます。ましてラジオやテレビで、プロの演出家の手によって巧みに演出され、脚色されたドラマや朗読劇となれば、そこにながれる魅力的なナレーションのファンになる人も多いことでしょう。

しかし、目を瞑《つぶ》ってそれを聞いているだけでは、太宰治の作品を味わった、あるいは芥川龍之介の作品を味わった、森鷗外の作品を味わったことにはならない。いや、味わっているのだが、それは朗読という形、あるいはテレビやラジオというドラマを通して味わった、ということにすぎないのです。さっきいったように、生《ナマ》のオホーツク海や生の北の海をみたわけではない。

わたしたちは物を見たり本を読んだりするときに、そんなにきちんと保護され隔離された環境のなかで、その作品にふれるわけではありません。たとえば本を読んでいるときに、友人から電話が掛かってきたり、あるいは食事の時間がきちゃったり、不意の来客があったり、そこにはつねに「日常」という時間がながれています。

美術館もそうです。絵を見ていると、とりわけわたしの美術館なんかは信州の山奥にありますから、時々トンボが飛んできたりする。蝶々が飛んできたりする。蝶々やトンボが観賞している絵の額縁の脇にとまることもある。そこで羽を休めることもある。色んなことが起こるのです。わたしたちはそんな色んなことが起こる、そんな環境のなかで絵を見たり本を読んだりしているといってもいいのです。

そんなものは邪魔だ、そんなものはないほうが絵がゆっくり見られる、本が読める。せめて絵を見ているときには、トンボや蝶々には飛んできてほしくない。理屈はたしかにそうです。

しかし、わたしたち人間という生きものは、たえず何が起こるかわからないという時間のなかで生きていることを要求されているというのでしょうか、一つの物を見ながら、その見ようとする物以外のものもどこかで見ざるをえない、わたしたちはそうした環境のなかで生きざるをえない生きモノでもあるのです。ですから、本を読むという営みは、そうした邪魔モノといっしょに読書をするということでもあります。本を読んでいる途中に耳に入る雑音や、突然読書を打ち切らざるをえない客の訪れも、読書のうちなのです。

せっかく読んでいる小説が佳境にさしかかって、夢中になってページをめくっていると、玄関のチャイムが鳴って

「宅急便です」

なんて声がきこえる。

「ちょっと、ガスとめといて！」

なんて同居人から命じられたりする。

これはあきらかに読書を邪魔する闖入者《ちんにゅうしゃ》に他なりませんが、だからこそふたたび小説の世界にもどってくるときの喜びは得がたいものでしょう。忙しい、邪魔者ばっかりが入る日常のなかで、懸命に「読書の時間」を確保する。それが本来の意味での、あなたがその文学作品に直《じか》にふれる「読書体験」といえるものなのではないでしょうか。

4

話を整理しますと、今は猛スピードで「活字離れ」「絵離れ」がすすんでいる。そういう世の中の流れのなかで、図書館や本屋さんや出版社さんが大変苦労している。美術館も企画力や集客力が問われる時代となり、大変苦労している。

この根本には、先ほどいったように直《じか》に自分が見ることと、そこに演出が加わったり調味料が加わったりするものを見ることとの区別が、どこかでつかなくなってきているということがある。どうも今、現代ではそのことがゴチャ混ぜになってきている。というより、読めば良いんだ、見れば良いんだ、作品の内容を知ればいいんだ、という結果だけを追っているような気がします。その本と出会う、絵と出会うという時間がどこかに飛んでしまっている感じがする。

大切なのはその時間なのです。

どこかに出かける。美術館に出かける。図書館に出かける。実はその旅は、家を出たときから始まっている。

日常の自分に背を向けて、普段ではない空間に向かって足を運ぶ。それは、一種の冒険の旅であるともいえる。そしてその冒険の旅は、その「旅に出よう!」と思った瞬間から始まっているわけです。

「活字離れ」「絵離れ」、何にせよ、これはわたしたちが生きる時間を失っている。本来であれば人間が生きていくにあたって当然あたえられているはずの大切な時間を自ら放棄している。そういうあかしのような気がするのですけど、どうでしょうか。

たとえば、わたしが「無言館」という美術館をつくったときもそうでした。

わたしが戦争で亡くなった画学生たちの遺作をあつめようと思い立ったのは、戦地から生還された野見山暁治*さんという絵描きさんが書いた『祈りの画集―戦没画学生の記録』(宗左近・安田武共著、日本放送出版協会刊、一九七七年)という本を読んだことがきっかけでした。美術学校を卒業してまもなく満州の牡丹江に出

*野見山暁治(のみやま・ぎょうじ)
一九二〇～二〇二三年。洋画家。東京美術学校卒業後、三十一歳で渡仏。帰国後、人間や自然を自在な形・色彩で軽やかに表現した抽象性の高い画風で戦後の美術界に存在感を示した。

征された野見山さんは、極寒の戦地で病気に罹って兵役を解除され、故郷の福岡県飯塚に帰って療養しているあいだに終戦をむかえます。野見山さんは病気に罹ったおかげで、幸運にも戦地から生きて帰ることができたのです。しかし、同じ美術学校で学んでいたたくさんの画友たちが戦場のツユと消えました。『祈りの画集』という本は、戦後十数年してから、そんな戦死した仲間たちの遺族の家々を野見山さんが訪ね、死んだ画友たち一人一人の思い出を語るという本でした。

わたしはその本を読んで、しだいに「この亡くなった画学生さんの絵をないがしろにしてはならない」「あの戦争下で絵筆を握りつづけた若者の命の証《あかし》である作品を守らなければならない」という気持ちになってゆき、それから約三年半かけて全国のご遺族宅をめぐり、画学生たちがのこした遺作、遺品を収集し、ついに一九九七年五月にそれまで営んでいた私設美術館「信濃デッサン館」のかたわらに建設したのが「無言館」だったのです。

わたしは今でも、野見山さんの『祈りの画集』をかかえて、北は北海道江別、南は鹿児島県種子島まで、全国三十数ヵ所にもおよぶ土地を旅したときの、あの

戦没画学生たちの作品を展示する「無言館」内観

何ともいえない心の充実を思い出します。戦争という不条理な時代のなかで命を落とした画学生のことを思えば、その作品を収集する旅に対して「心の充実」を覚えたというのは、何だかとても不謹慎な態度のように思えるのですが、わたしは戦地から帰ってきた野見山暁治という一人の復員画家の代わりになって、まるで自分も画学生たちと席をならべていた一画学生のような気持ちで、かれらの作品を収集する旅をつづけていたのでした。

こんな気持ちもまた、亡き画学生たちに捧げた一人の画家の「一冊の本」があったからこそ生まれた思いといえたでしょう。野見山さんの『祈りの画集』と出会わなければ、わたしはこれほど戦争で死んだ画学生に関心を抱くことはなかったし、「無言館」という美術館も生まれなかった。そして、わたしにとってこの旅が、自分の生きた「戦後」をあらためて見直すかけがえのない時間になったことはいうまでもありません。

ことによると、わたしが一冊の画集をきっかけに建てたこの「無言館」は、戦死した画学生たちの遺作を展示すると同時に、敗戦の焼け野原から「戦後」の繁栄時代を生きたわたしという一人の日本人の、心の内部に生じた自省や後悔やザンゲをつたえる美術館であり、何よりわたしが遺作を収集することによって得た、「自分を見つめ直す」時間の集積をつたえる美術館であるといえるのかもしれませんね。

三章

「絵を読む」「本を観る」

1

美術館に行けば、名作とよばれる絵がならんで迎えてくれる。図書館に行けば、名著とよばれる本が待っていてくれる。これはごく当たり前の風景です。

再三言うように、わたしがそこに付け加えたいのは、美術館はそれだけが目的ではない、それだけで役割を果たせるわけではない。また、図書館もそれだけで役割を終えるわけではない。その空間に一歩足を踏み入れることじたいに意味があり、そこに読書以上の、絵画の観賞以上の大切なものがある。それがまあ、これまでわたしが伝えようとしていることなのですが、わかってもらえたでしょうか。

一九八五年に、惜しくも五十九歳の若さで亡くなりましたけれども、わたしの

＊坂崎乙郎（さかざき・おつろう）一九二八～一九八五年。

尊敬し敬愛する美術評論家のなかに、早稲田大学の教授をなさっていた坂崎乙郎*さんという方がいらっしゃって、大変この方は、卓《すぐ》れたお仕事をのこされた人でした。そのなかに『絵とは何か』（新装版、河出文庫、二〇一二年）という有名なご本があって、わたしもその本から多大な影響をうけた者の一人なんですが、そのなかにさかんに「絵を読む」という言葉がでてきます。つまり、坂崎先生にいわせると、絵は読むものであるというのです。

確かに「読む」という言葉には色んな意味があります。色んな意味というか、色んな「読む」という営みの表し方がある。人の心を読むという言葉もありますし、明日を読む、将来を読む、そんな言葉もあるように思われます。

坂崎さんは、たとえばゴッホの一枚の絵のなかにはゴッホ*が味わった人生の悲しみ、人を愛することの喜び、あるいは人に裏切られたことの苦しみ、色々な人生の喜怒哀楽があるのであり、ゴッホの絵をみることは、そうしたゴッホの喜怒哀楽を読みとることだというのです。表層的にそこにはキレイな花が描かれているとか、美しい風景が描かれているとか、モデルが描かれているとかを「観る」

美術評論家、早稲田大学教授。ドイツ留学後、『夜の画家たち——表現主義から抽象へ』（雪華社刊、一九六〇年）を刊行。ドイツ表現主義やウィーン幻想派の画家、エゴーン・シーレなどを紹介した。友人の洋画家・鴨居玲の自殺のあと、死去した。

＊フィンセント・ファン・ゴッホ
一八五三〜一八九〇年。オランダの画家。一八八〇年代以降、印象派のあと、フランスで主要作品を制作。フォービズムなど二十世紀美術に大きな影響を与えた。

のではなく、もう一歩絵のなかに入りこんで、作者であるゴッホの心を「読む」のだといっている。

まあ、ゴッホという人は御存知の通り大変激しい、我々凡庸な人間が味わえないような人生の辛酸、苦悩、それを経験した人です。親友のゴーギャン*との確執のすえ、自ら耳を切り落としたという画家で、最期はオーヴェルの丘で、作品にも出てくる麦畑で挙銃自殺を遂げるという、壮絶な人生を送った。しかも三十数歳という短い人生のなかで、貧困や孤独とたたかいながら、あのすばらしい絵をいくつものこした。しかし、そのゴッホの絵のタッチが激しいとか、色彩が美しいとか、あるいは狂おしいとか、そういう絵画的な魅力をわたしたちが感じるのは当然のことですけれども、それだけではなくて、坂崎乙郎さんはゴッホの絵から、ゴッホの心を読めといっている。

たとえばゴッホが描いた絵のなかに、ゴッホと僅かな期間暮らした、ゴッホよりかなり年上の娼婦が描かれているのですが、その何ともいえない哀しさの漂うヌード・デッサンのなかに、ゴッホがたどった人生の哀歓、苦闘、ゴッホがどん

***ポール・ゴーギャン** 一八四八〜一九〇三年。フランスの画家。ゴッホと同じく、一八八〇年代以降、印象派のあとに出てきた画家で、ゴッホと別れた後、一八九〇年にはタヒチに滞在。代表作は一八九〇年代に制作されている。

なに優しい気持ちでその女性に接していたか……、あるいは女性がどんなにゴッホを愛していたか……。そういった「ゴッホの人生」のすべてが描きこまれている。坂崎さんは、それを「読め」といっているのです。

それは単なる男女の交情、愛情の交わし合いだけでなくて、ゴッホという人間が抱えていた生きる悲しみ、どんなに苦境があっても、どんなに明かりの見えない道をあるいていても、最後まで希望を失わずに生きようと喘いでいたゴッホそのものの姿でした。ゴッホだけでなく、描かれた女性もそうです。そういう弱い者同士の労り合い。それがその一枚のヌード・デッサンのなかにある。坂崎乙郎さんは、絵というものはその絵に隠されたドラマ、それを探り当てる作業が絵というものを鑑賞することなんだとおっしゃっているのです。

その通りだと、わたしも思います。

2

「絵を読む」――そう、絵というものは、見るものではなくて読むものなんですね。読みとるといっても良いかも知れません。ですから妙ないい方をすると、「美術館」というのは「絵の図書館」なのかもしれない。逆説的ないい回しになるかもしれないけれども、「絵を読む」という行為のなかには、美術館が果たす大切な役目がある。そうして、絵を読むことによって、わたしたちはその絵描きがその一点の風景画、一点の人物画、一点の花の絵にこめた、その絵描きの人生観や恋愛観や死生観、場合によってはその絵描きがもっている悪魔的な性格や、非道徳な部分までも知ることができる。その人がどういった生まれや生い立ちをもっていたかということをふくめて、その画家全体の姿を読みとることができる。そういう場が美術館なのです。

同時に、そのことによってわたしたちが自分自身をもう一度振り返って、ああ自分は何も気付かずに生きてきたけれども、自分の生きた人生のなかにも、こうしたゴッホのような傷付いた弱者に対するやさしい眼差しや、それに似た感情をもつことがあったんではないだろうか。そんなことを考えるようになる。つまり、わたしたちはそんなふうに見も知らない一人の絵描きと握手ができる。心と心を通わせられる。そういう絵描きと人間とのお見合いの場が美術館ではないかな、とも思うのです。

そして、図書館もまた、そのようなものだと思います。ここで、坂崎乙郎さんの口真似をするなら

「本というものは、もう少し本を観るということがあってもいいんじゃないだろうか」

といいたいわけです。

わたしたちは何か本というものから、読むことを強制されているように感じることがあります。何となく、昔学校で先生から「本を読みなさい」といわれていたことがトラウマになっていて、「本は読まなければならない」という一種の強

「オリーヴの読書館」本棚

迫観念のようなものに捕らわれがちです。

わたしも「オリーヴの読書館」という図書館をつくったおかげで、時々変な質問を受けることがあります。図書館にならんでいる何万冊かの本はわたしの蔵書ですといいますと
「窪島さんは、この本を全部読んだんですか？」

ときくんです。

こんなたくさんの本を、ぜんぶ読むわけがないじゃありませんか。なかには百科事典もあれば辞書もあるんです。枕になるようなブ厚い医学辞典とか科学辞典とか人文地理の学術書もある。そんなものぜんぶ読んではいない。だいたい、そんな膨大な時間を読書に費やすわけにはゆかない。

「じゃあ読んでもいない本を、おもちだったわけですか？」

そういわれると、困ってしまう。

本というのは、何どもくり返しますけれども、読むためだけにあるものじゃない。そこにあるだけで、その役目を半分以上果たしているんです。

どうもわたしたちには、坂崎乙郎さん的に言うなら、〝本を観る〟という営みが欠けているような気がするのです。もっとわたしたちは本を〝観て〟いいんじゃないだろうか、と痛切に思うのです。

3

たとえばわたしの好きな作家に『人間失格』や『津軽』を書いた太宰治という作家がいる。わたしは、その太宰治全集を大事にもっています。あるいは尊敬する、生前わたしを大変可愛がって下さった大岡昇平先生*という『レイテ戦記』や『野火』『武蔵野夫人』など、大変な文学的金字塔を建てた作家がいらっしゃる。わたしは、大岡昇平全集も、ちょっと古い筑摩版ですけれどももっています。しかしわたしは大抵の作品は読みましたけれども、全部読んでいるわけではない。

そこに太宰治という作家のつむいだ作品が全部そろっている。そして大岡昇平という作家が歩んだ道のりが全部そこにある。わたしはその本を通じて、その作

*大岡昇平（おおおか・しょうへい）一九〇九〜一九八八年。小説家、評論家。京都帝大在学中に、河上徹太郎や中原中也と同人誌『白痴群』を発行。一九四四年、応召し俘虜となる。戦後、その体験にもとづく『俘虜記』を発表。代表作に小説『野火』『レイテ戦記』、評論『中原中也』『富永太郎』など。

家の人生を〝観る〟ことが出来る。感じとることが出来るといっていいかもしれない。じつは、わたしはもうそれでじゅうぶんだと思っているのです。それだけで、大岡全集、太宰全集をもっている甲斐がじゅうぶんある。

では、本の何を観るか？　簡単にいえば背文字を観る。大岡昇平全集、太宰治文学全集という背文字を観るんです。ここで先ほど、坂崎乙郎さんが一枚のゴッホのデッサンについて述べたように、同じことがわたしたちに要求される。本の背文字を観るということは、その一人の作家が生きた、たまたま先ほど〝道のり〟という言葉を使いましたけれども、その作家が生きて、文筆に魂を燃やして、コツコツと書き続けてきたというその営みの歴史を知ることです。ゴッホのデッサンに、ゴッホの悲しみや苦しみをみるのと同じように、本の背文字の奥に作家の人生を「感じる」のです。

そう、一作一作の作品の内容がもっている文学的な感動とはべつに、背文字を観るというところから出発する、大きな書物の役割があるといっていいかもしれない。もちろん、本はその内容を読むことによって、作家の思想や人生を知るわけですが、それとはまったくべつに、背文字からその本の内容を想像し、仮想し、推量するということも大切なのです。少なくとも本に接する人間の接しかたの一つとして、それも重要な選択肢であることをわかってほしい。

先ほどいいましたように、いくら書棚にたくさんの本をならべているからといって、それらの本をすべて読んでいなければならないというわけではない。しかしその書棚にならんでいる本の背表紙、その背表紙を観ることによって培われてゆくものが、本を読むということを飛び越えて、文学者、作家を〝観る〟目を養ってくれるのです。そういう作家が生きていたんだ！　こういう作家がこういうテーマでこういうタイトルで書いたんだ。本の内容を読んでいなくても、しかし何かがわかることがある。何だかその作家が歩いた足音が聞こえてくる。咳払いが聞こえてくる、本の背文字には、そうした作家の足音を届けてくれる力がある。それはまさしく背表紙の力なのです。

背表紙だけはありません。

先にのべたように。「一冊の本」は書き手だけの力でつくられているのではなく、いわゆるブックデザイナーさん、挿画やカットをうけもつイラストレーターさんなど、その本の内容や価値を読者に感じさせ、興味をもたせようとする多くの制作者の知恵が結集されています。たまにはカバーを外して、本の表紙や裏表紙をじっくりと眺めてみるのもいいでしょう。そこからは、「さあ、早くこの本を開いてください」「この作家の世界へ入ってきてください」という制作者たちの声がきこえてくるはずです。

なかには、作家自身の文字で本の題名が書かれていることもあります。本のデザイン（「装幀」といいますが）を作家自身が担当している場合もあります。いってみれば、読者が手にする「一冊の本」丸ごとが作家の手でつくられているといったこともあるのです。わたしが最初に手にした岩波書店版の『漱石全集』や『荷風全集』の背表紙の文字は、たしか夏目漱石自身、永井荷風自身が書いた筆文字が使われていた記憶があります。

「一冊の本」には、ただ単に作家の伝えたかったこと、書きたかった文章にふれ

「信濃デッサン館」外観（一九七九年六月開館）

「信濃デッサン館」を継承した「KAITA EPITAPH 残照館」（二〇二〇年開館）

る歓びだけでなく、その本全体から放たれる「書物の美しさ」があることを忘れてはならないでしょう。

4

わたしの経営する美術館は「無言館」のほかにもう一つあるんですが、今から四十五年前に出来た「信濃デッサン館」(現在は「KAITA EPITAPH残照館」という名になっていますが)という美術館は、昭和の初めや大正時代、二十数歳で若死にした、いわゆる夭折した絵描きさんたちの絵が多く展示されていて、その中に村山槐多《かいた》*という絵描きがいます。

わたしに信州上田に美術館をつくるきっかけをあたえてくれた、いわばキューピッド役を果たしてくれた、大切な絵描きが村山槐多です。大正八年、一九一九年に二十二歳五ヵ月という若さで亡くなったのですが、天才画家ともいわれ天才詩人ともいわれた、不世出の才能を持った青年でした。この村山槐多が現在の洛

*村山槐多（むらやま・かいた）一八九六〜一九一九年。明治・大正期の洋画家・詩人。やや沈んだ茜色（ガランス）を好んで使った生命力みなぎる絵画を残す一方、版画や詩、創作などを表わし、大正後期の美術・文学に大きな影響を与えた。

北高等学校、当時は京都府立一中といいましたが、この中学に通う頃に、一級下にのちに評論家・思想家となる林達夫*さんがいました。

ある日この村山槐多が、図書館で「マラルメ」*「ランボー」*といった西洋の詩人の本を手に取っていた。中学生のときにです。しかもその本は原書だったそうです。きっと、おそらく中学校の先生が読む本だったんじゃないでしょうか。それを槐多は手に取っていた……。

しかし、林達夫さんは書いているんです。槐多はその本をちゃんと読めていたんじゃないだろうか。言語が解らなくても、槐多はその本が読めたにちがいない。マラルメやランボーを理解することができたにちがいない、と。

そんな馬鹿なことはないだろう？　と思う人は多いでしょう。言語が解らなければ本なんか読めないじゃないか？　だれでもそう思うでしょう。確かにそうです。原書の本ですから、その国の言語がわからなければ、読めないんです。読めるわけはない。ただその林達夫さんのいう「読む」という営みは、イコール「観る」ということだった。本を手に取ってマラルメを観たんです。ランボーを観た。

＊林達夫（はやし・たつお）
一八九六～一九八四年。評論家。京都帝大卒業後、東洋大や法政大で教鞭をとる傍ら、月刊誌『思想』（岩波書店）などの編集に携わる。戦後は中央公論社出版局長、平凡社『世界大百科事典』の編集責任者を歴任、活発な評論活動を行った。

＊ステファヌ・マラルメ
一八四二～一八九八年。フランスの詩人。ランボーと並ぶ十九世紀フランス象徴派を代表する詩人で、難解さで知られる。代表作に『半

これは槐多の、あの激しい二十二年の人生が残した多くの詩、あのガランスという真っ赤な絵の具を使った「尿《ゆばり》する裸僧」や「カンナと少女」や「湖水と女」いった数々の作品を思い浮かべれば納得がいくんです。なるほど、槐多ならば、言葉がわからなくても本が読めちゃうかもしれない。

村山槐多は、図書館で本を手に取った瞬間、あるいは背文字を観たとたん、その内容を「感じる」ことができたんじゃないだろうか。何だか神がかったことをいっているようですけれども、わたしは本というものは、背表紙を観るだけで読み取れるものがあるんだと、そんな気がするのです。

本を観るという、その本の裏側にあるものを洞察するというところから、みえてくる世界がある。先ほど、美術館は絵が並んでる図書館だというようないい方をしましたけれど、そういういい回しを借りれば、図書館は書物という絵が並んでいる美術館ではないかな、と思われてくるのです。

それと、ここで一つは付け加えておきたいのですが、この項の最初のほうで四

獣神の午後』(一八七六年)『骰子一擲』(初出一八九七年)など。日本では一九一九年前後の鈴木信太郎の翻訳・研究から。

＊アルチュール・ランボー
一八五四〜一八九一年。フランスの詩人。十五歳で詩を書き始め、二十歳で詩を放棄、その後は貿易商となりアフリカ各地で勤務。一八九一年、フランス・マルセイユで死去、三十七歳。代表作に『酔いどれ船』『地獄の季節』など。日本では、明治末期以降の文学に多大の影響を与えた。

十五年前に開館した「信濃デッサン館」が、現在は「KAITA EPITAPH残照館」という名に変っていると紹介しましたが、これは、「信濃デッサン館」が経済的なひっ迫から、数年前に村山槐多作品をふくむ約四百点のコレクションを、折しも長野市善光寺近くにリニューアルオープンした新・長野県立美術館に寄贈（一部譲渡）することになり、今は寄贈後わたしの手元にのこったコレクションを細々展示する美術館となって再開館しているということなのです。もちろん「残りものコレクション」とはいっても、どうしてもわたしが手放すことのできなかった村山槐多やエゴーン・シーレ*といった早世画家の逸品は、ほんの僅かな数になってしまったものの、今も文字通り「残照」のように美術館の壁面を飾っていることを報告しておきたいのです。

館主をつとめるわたしの年齢からみて、「残照館」はいかにも人生の日没を表わしているようで気に入っているのですが、その上に付けられた「KAITA EPITAPH」の意味をお分かりでしょうか。

いうまでもなく「KAITA」は、わたしのこよなく愛する画家村山槐多の名

*エゴーン・シーレ
一八九〇〜一九一八年。オーストリアの画家。グスタフ・クリムトに弟子入りを志願、独自の裸体画を模索。クリムト死後にウィーン分離派の実質的な後継者として評価される。

を表わしているのですが、「ＥＰＩＴＡＰＨ」は英語で「墓碑名」をさしている言葉です。すなわち「残照館」は、槐多に象徴される夭折画家たちの名を刻んだ一つの墓碑でもあるという思いがこめられているのです。

多少こじつけめくかもしれませんが、これも美術館を読むという点では何かのヒントにつながるような気がしてますので、ちょっと「残照館」の入り口に掲げられている、わたしの書いた「残照館のこと」という挨拶文を紹介しておきましょう。


二〇一八年三月十五日、三十九年八ヶ月にわたって営んできた私設美術館「信濃デッサン館」を閉館した。コレクションの大半を長野県に寄贈し、一部を購入してもらった。いらい、私は空っぽになったこの建物に近寄るのもつらかった。自分で建てた美術館、自分であつめた絵を喪《うしな》うことが、こんなにも哀しく淋しいものかと知った。

このたび私は、その淋しさからのがれるために、館名を「残照館」とかえて、手元に残った絵をならべて再開することを決意した。病をかかえた八十歳近い老人が、アト何年この館を運営できるかわからないけれど、好きな絵に囲まれて死ぬのなら幸せだと思った。

私は芸術がわかって絵をあつめた人間ではない。「何も誇れるものない自分」を、「画家がのこした絵の魂」のそばに置くことによって、一人前の人間になりたかったというのが動機だった。「信濃デッサン館」の絵は、新しく建つ県立美術館で観てほしいが、私にのこされた貧しい残りもののコレクションにも眼を凝《こ》らしてほしい。

「残照館」とは、いつのまにか日暮れのせまった道をあるく男の感傷から生まれた館名で、KAITA EPITAPHは、私が半生を賭けて愛した大正期の夭折画家村山槐多の「墓碑名」を意味している。

四章

〝ツン読〟の歓び

1

俗に〝ツン読〟という言葉があります。

いうまでもなくこれは本を購入して、それを書棚に積んでおく、という行為です。つまりその本を必ずしも読破していない、読んでいない本を自分の傍らに置いておく、という行為。これはただ単に教養を見せびらかしたい。あるいは自分がいかに本を読んでいるか、いわゆる知識人であるかということを人にひけらかす。そうした理由から行われる場合が多いかもしれません。読書を伴わない見栄っ張りの人々、そんな人々を半分揶揄する意味で、この〝ツン読〟という言葉は使われているようです。

ただ、わたしはかならずしもこの〝ツン読〟という言葉がキライではない。〝ツン読〟は、そんなに軽蔑するにあたらないのではないかと思っています。

こういう譬《たと》えはどうでしょう。

わたしたちは日常多くの人と出会います。仕事場で、あるいはプライベートでたくさんの人と出会う。そしてそのなかで、自分が気に入ったり、ぎゃくに相手が近付いてきたりして交際が始まるわけです。

しかし、そんななかには、道端でたまたま道を聞かれたり、ほんの立ち話だけで終ってしまう人もあれば、その後深く親しい関係になっていく人もあります。人縁地縁などともいいますが、人の縁とはふしぎなもので、どこでどんな大切な(その後の人生に大きな影響をあたえるような)人と知り合うかわかりません。人間との出会いがそうであると同じように、本との出会いにも同じようなことがあるのではないでしょうか。

本というものも、そういう人間との出会いと同じで、そのなかにはたまたま書店で見つけて表紙が綺麗だとか、タイトルが気に入ったとか、その作家の作品に日頃から興味を持っていたとか、言わば衝動買いでその本を買ってきたりする場合もあるわけです。わたしたちはそれをただ単に〝ツン読〟と嘲《あざけ》るのではなくて、ある意味でそれは、自分のもっている人間関係に匹敵する書物との関係の一つであり、むしろ奨励すべきことなのではないか、そう考えてもいいのではないかと思うのです。

いい例が、携帯電話に登録されている友人知人の名前です。いつのまにかどんどん登録した人の名がふえて、なかには今では交際していない人の名や、音信が途絶えて久しい人の名もふくまれているといったことがよくあります。もちろん登録者のなかには、とても仲の良い友だちもいれば、そうでない人もいれば、仕事上仕方なく付き合っている人もいる。しかし、一人の人間がこの社会を生きてゆくいじょう、そんなふうに多岐にわたる人間関係が生じてくるのはごく自然の現象であるといっていいでしょう。

つまり〝ツン読〟というのも、そうした自らの生活の歴史を物語る大切な足跡をあらわすものであるような気がします。いつのまにか、自分のそばに積み上げられた書物は、その人が生きてきた道のりそのもの。だから、〝ツン読〟というのは、けっしてそんなに悪いことではない。そう思うのです。

トルストイの『復活』やドストエフスキーの『罪と罰』の翻訳者としても知られる文学者であり思想家でもあった内田魯庵《うちだろあん》が＊、別名「ツンドク先生」ともよばれた乱蔵書家だったことは有名です。

何でも魯庵先生のログセは
「大家の本は一冊読んだら、あとは広告を見るだけでじゅうぶん」

だったそうで、魯庵の傑作といわれるちょっぴり諷刺の効いた文学概論書『文学一斑』や『文学者となる法』には、何だか文学者そのものを侮辱（？）するような文章があちこちに出てきます。

たとえば
「文学者となる資格には怠慢、無精、放浪、無頓着で偏見、狭量で愚痴をこぼし、履歴に女があり、無学文盲を尊しとなし、あっさり万事を飲みこんで早合点するのを秘訣としている」

だとか

＊内田魯庵（うちだ・ろあん）
一八六八〜一九二九年。明治期の評論家・小説家・翻訳家。二葉亭四迷と親しく、ロシア文学から影響を受けた。『くれの二十八日』『社会百面相』などの社会小説でも評価された。

「文学者の交遊における心得は、小党派をつくり、表面は親密にして、適当に居留守をつかい、人を訪ねることはせず、真心はあかさず、食って寝て、起きて、飲んで、洒落て、愚痴をこぼし、世間の悪口をたたき、おべんちゃらをつかって調子をあわせ、富貴の時は兄弟のごとく、貧賤の時は路人のごとくみるが良いとする」

などと言いたい放題。

魯庵先生は、文学そのものが怠慢、無精、偏見、狭量、早飲みこみ早合点から生まれるものであり、学問とか教養のワクに縛られず、ごくふつうの感覚をもった通俗的で凡俗凡庸な生活のなかにこそ宿るものだ、といっているのです。

ここには、稀代の愛読家にして乱読家、好古《こうこ》家《か》として知られ、死後も多くの編者によってその蔵書群が紹介された、内田魯庵の文学への基本姿勢が示されています。そしてそれがそのまま魯庵の書物に対する向き合い方になったといえるでしょう。魯庵には興味を感じた本を片っぱしから買いあつめる、いわば〝ツン読〟精神の根本があるといってもいいのではないでしょうか。

2

そうそう、もう一つ「蔵書」という言葉がありましたね。

これはある意志をもって本を所蔵することで、本というものに対する憧れ、あるいは尊敬を表現するという点では、魯庵先生の〝ツン読〟と通底する部分があるのですが、げんみつにいうとこの二つの行為には、微妙な違いがあるようにも思われます。

〝ツン読〟というのは、本屋さんでたまたま衝動的に手に入れた本。何気なく手に取って買ってしまった本。ぐうぜん古本屋さんの店頭で見かけた本。そういう非常に自由な、伸び伸びした感覚のなかで手に入れた本、それがいつの間にか自分の傍らに積まれていくという状況をさします。しかし、「蔵書」というのは、一つの自分の美意識。自分が心の奥のどこかで、そうありたい、その本をもちたい、その本のそばで暮らしたいという、きちんとした目的意識をもって集められている本のことです。それが「蔵書」と呼ばれる営みです。

そして、その蔵書と呼ばれる行為は、その当初の〝ツン読〟という行為の積み重ねの後に形成されてゆくものです。たくさんの人と出会い、たくさんの人と交流をもち、人間はそういった開かれた人間関係の中から、やがて自分にとって必要であり、大切である人間関係をみつけてゆく。

やがてそれが、かけがえのない愛情の関係に発展することもあるでしょうし、まったく逆に自分には必要のない人であることがわかって自然に離れていったりするわけです。ツン読と蔵書は、二つともそういう意味では微妙に付かず離れずの関係にあるといっていいかもしれません。

亡くなった詩人の長田弘*さんが、こんなことをいっていましたね。

「蔵書というものは、人生の一つ一つのレンガを積み上げていく作業に似ている。わたしたちは人生という一つの建築物を、一冊一冊の本というレンガを積み重ねることによってつくり上げている。即ち、その蔵書という自分の精神の魂の分身といっていい一つの世界は、その人の人生観、その人の生きてきた道、生き方、

*長田弘（おさだ・ひろし）
一九三九〜二〇一五年。詩人・エッセイスト。早稲田大学在学中に書かれた詩集『われら新鮮な旅人』（一九六五年）で注目され、エッセイ集『私の二十世紀書店』（一九八二年）で毎日出版文化賞受賞。

そういうものを表現しているものである」

長田さんはたしかそういうふうにおっしゃっていた。

名言ですね。

人間の、この世に生まれて死ぬまでに出会う人間関係。それは限られています。タカがしれています。どんなに多くの人と出会っても、何十億の人間がいるこの地球上で、まして宇宙という無限の天体を考えてみたら、この地球という惑星のなかに生まれて、しかも日本という極東の小さな島国に生を受けて、しかも何十億年という時の流れのなかで、この西暦二千幾年かという年月を共有するという確率はきわめて少ないのです。少ないどころか、それはほとんど奇跡に近いといっていいかもしれません。

そういう意味で、わたしたちが一生のあいだに、どれだけ多く人に出会ったとしても、それは何十億分の一というぐらいの確率でえらばれた、きわめて稀な、得難い時間の共有体験をもっている人間同士であるわけです。何万年の時間の流れのなかで、この同じ国に生まれて、死んでゆく。仮にお互いに百歳まで生きたにせよ、たった百年をこの日本という国で共有する。これはほとんど運命的ともいえるかけがえのない出会いでもあるわけです。

3

書物も同じです。

わたしたちがこの国で生まれて、日本語という母国語をもち、その母国語を通じて心を分かち合い、考え方を共有する。あるいは互いに議論をたたかわせて、自分の意見と相手の意見を比較したり、どちらが正しいかを論じたりする。そういう関係はけっしてぐうぜんだとか、たまたまだとか、そういう言葉だけで表されるような、安易なものではない気がします。

大げさないい方をすれば、わたしたちが一冊の本と巡り会い、その本を自分の所蔵物として手元に置く行為は、これもまたこの何万年のなかで、人が人と出会うかけがえのない必然と同じようなものなのです。人間と人間の出会いがそうであるのと同じように、書物との出会いも実は運命の示唆とでもいうんでしょうか……。出会うべくして出会っているという、必然の一つではないかなとも考えられるわけです。

長田弘さんがおっしゃっている、一つ一つのレンガが積み重なるように、蔵書という行為を通じて、自分という姿が見えるということ。もっと簡単にいうならば、その人の書棚を見れば、その人の生き方がわかる。生きてきた道がわかる。人間にとっての蔵書という行為は、そういうことでもあるのだと思います。

よく、その人の心やその人の人生を理解するためには、その人の人間関係を見よ、連れ添っている伴侶を見よ、友を見よ、そうすれば、その人の姿が浮き出てくる、そういわれます。確かにそうです。あの人らしい奥さんだな。あの人に相応しい友達だな。その人の得た人間関係が、その人自身の人生を表わすのと同じように、その人の蔵書は、その人の人生そのものでもあるわけです。

いつでしたか、わたしの尊敬するある評論家の先生が、何かのテレビ番組のインタビューを受けていたとき、その先生の背後の書棚に、わたしのもっているの

と同じ本が並んでいるのを見て
「あ、この先生も、あの本をもっているんだ！」

と感激したのを思い出します。

「あ、あの作家の本もある！」

それはある意味で同じ「蔵書」をもつことによって、自分とその先生のあいだに強靭な心の絆が芽ばえたといっていいのでしょう。いってみれば、それは「蔵書」によって生じた人間と人間との信頼関係であり、理解関係であるといえるかもしれません。

そしてそれは、その人と話をしているうちに相手が自分と同じ郷里、あるいは同じ出身校であることがわかって、すっかり意気投合したといった感じでしょうか。わたしはそのインタビューの場面を見ていて（背後の書棚を見ていて）、以前にも増して、その評論家の先生が親しみのもてる、尊敬のできる人に思えたものでした。

4

ただ、このツン読家、蔵書家を悩ます問題が一つあります。

その本をあつめた当人が元気なうちはいいのですが、やがて年を取ってこの世にオサラバするときがやってきたときが大変なのです。身近に山のように積まれた本、書棚にあふれんばかりの詰めこまれた本、そんな本たちは持ち主が死んだあと、いったいどういう「末路」をたどるのか。家族や血縁者のなかにそうした書物に愛着や関心のある人がいて、「代わりに自分たちがこの本を守ってゆこう」ということになればいいのですが、そういう理解者に恵まれなければ、一番路頭に迷うのが書棚にならぶ本たちなのです。蔵書家、愛読家が半生を賭《と》してあつめた本を、一からげにして古本屋に売り払っちゃうとか、紙クズ同然に廃棄物屋にひきとってもらうとか、そうした運命をたどるとしたら、これほど悲しいことはないでしょう。

じっさい、わたしのような物書きの端クレでも、仕事柄放っておいてもあちこちから膨大な量の本があつまってきます。物を書く仕事をしているいじょう、それなりに参考資料としての本や、関連する本を手元に置かねばならなくなり、自然と蔵書はふえてゆくわけです。それが積もりに積もって、住んでいる家の一部屋、二部屋を本を置くための「書庫」にしている作家や、わざわざ蔵書のためだけに一軒家を借りたり、倉庫を借りたりしている人も多いのではないでしょうか。

白状しますと、わたしが自分の美術館のよこに「オリーヴ読書館」という図書館をつくった動機の一つにも、三万冊近くにもおよぶ自分の蔵書を何とかしたいという思いがあったことはたしかでした。狭いマンションでは、とても蔵書のぜんぶを収めるスペースなどなく、ずいぶん前から美術館の倉庫や収蔵庫を借りてしのいでいたのですが、それではとうてい蔵書の増加には耐えられません。そんな状況下で生活するうち、ふと思いついたのが私設「図書館」の設立だったのです。この本たちを不特定多数の人々に読んでもらう、あるいは鑑賞してもらう「図書館」をつくることで、今や自分の分身であるともいえる書物が少しでも多くの人の手にとってもらえたらどんなにうれしいだろう。うれしいのは本をあつめた当の蔵書家はもちろんのこと、本たちだってうれしいんじゃないだろうか、いってみればそれが「オリーヴ読書館」の設立動機だったのです。

しかし、こんなふうに「図書館」をつくって自らの蔵書を社会的に役立てることができる人は、ごくごく限られていることを知っています。経済的にも、環境的にも、そんな恵まれた状況にある人はそんなに数多くいるわけではありません。そういう意味では、わたしなんかは大変幸せな、ラッキーな蔵書家だったといえるでしょう。

そう考えると、ツン読家、蔵書家には、日頃から自分の愛する本たちの「行く末」を考えておくことが必要かもしれませんね。

それまで自分の人生を元気づけ励まし、心に栄養をあたえてくれた本たちの、いわば「第二の人生」について考えておくことが必要になるでしょう。蔵書家自身がこの世を去るとき、自分が愛した本たちが紙クズのように扱われ処分されてしまうだなんて、想像もしたくない風景ですから。

その意味では、ふだんから家族や血縁者に、自分の蔵書の将来について「遺言」しておくことも大切かもしれません。あらかじめ生まれ故郷の出身学校とか、意中の施設に寄贈の打診をしておくとか、蔵書の傾向によっては特定の文学館や記念館にたとえ一部であれ寄贈したい旨を伝えておくとか、信頼できる古書店に相談しておくとか、それぐらいのことはしておいたほうがよいかもしれません。

そうです、〝ツン読〟派にとっても、〝蔵書〟派にとっても、本はわが子と同じくらい血を分かち合った同志なのですから。

五章

「読む」より「買え」

1

前章でもお話をしましたけれども、人と人との関係がごく日常のなかでの、たまたま路上で道を聞かれたとか、あるいは同じ列車のなかで隣り合わせになったとか、お互いに共通の知り合いがいたとか、じつに他愛のないきっかけから始まるのと同じように、人間と書物の出会いもまたきわめて偶発的、突発的に訪れる場合が多いようです。それだけに、最初に出会った、その書物との出会いの瞬間というものは、とても大事だろうと思われます。

ま、一般的にいえば、わたしたちは新聞や雑誌の書評や、電車の吊り広告なんかで本の存在を知り、書店にゆくとか通販を利用するとかしてそれを手に入れるわけですが、やはりお勧めは書店でお目当ての本を購入することです。なぜかといえば、ご存知の通り書店には、目的にしていた本以外にもたくさんの本が並んでいるからです。書店は「本」という果実が無数に並んでいる果樹園のようなところです。わたしはあなたに、その果樹園を歩いて欲しかった本をみつけ手に取ってほしいのです。

なにも出版不況、書店離れがすすんでいるからというわけではないんですけれど、どうもわたしたちは今、そうした書物との出会いの一瞬を疎《おろそ》かにしている、そんな感じがします。もちろん本を読むという営みは大変大切なことですけれども、その本を買い求める衝動というのも大切なのです。

そして、その衝動の「瞬間」をむかえるのに一番適しているのが書店、本屋さんであるといいたいのです。なぜなら、あなたが手をのばした果実の周りには、あなたを誘惑する数多くの他の果実がたわわに実っているからです。あなたには欲しい本をさがす途上で、もっと欲しい本、あるいは以前から無意識的に興味をもっていた本と出会う可能性が生じるということです。おかしな譬《たと》えですが、好きな女性を追いかけていたら、その女性の友だちのほうをもっと好きになった、なんて物語が発生するのです。「書店」というのは、本と読者との一種の合コン《ヽヽヽ》の場であるといってもいいいんじゃないでしょうか。

2

さて、話を「図書館」にもどしましょう。

最近の図書館は、ベストセラーの本をたくさん揃えます。本を借りに来る人読む人のなかには、やはり評判になっている、今人気のある本を読みたい借りたい。当然のことながら、そういう人が多いわけです。図書館もそのニーズに答えたい。そのためには折々の時代のなかで、人気のあるベストセラーになっている本を所蔵するというのは仕方のないことかもしれません。

また、それほどベストセラーでなくとも、テレビで話題になっている本とか、新聞の書評で取り上げられた本とかを、優先的に購入して書棚におく。図書館だって少しでもたくさんの人たちに本を借り出してもらいたい、一人でも館の利用者をふやしたいと考えているわけですから、それも当然といえば当然のことでしょう。

しかし、何どもいうように、本を読むという行為は、その本にむかって歩く旅の時間をもつということでもあります。その本を買うか買わないか、大切なお金をその本に費やすか否か、本屋さんの書棚を前にして「迷うこと」も大事な旅の一部なのです。そして、ついに決心してその本を手に入れたとき、はじめてあなたは読書という旅の到着地に行き着いたといえるわけです。

それでは、図書館で好きな本と出会うことと同じじゃないか、と思う人もいるかと思うのですが、決定的な違いは「好きな本にお金を使うか」、「借りもので済ませるか」の差です。

図書館は読書好き、本好きな人間にとってはかけがえのない大切な役割を果たす施設であることはたしかですが、本屋さんとは根本的にちがいます。先ほどいった、この本を買おうかな……？　どうしようかな……？　今お小遣いが少ないしな……。生活も大変だし、どうしようかな……という、その書物を手に入れるべきか否か呻吟する時間を失わせる場所であるともいえるのです。いわば清水の舞台から飛び下りたつもりで、その本を買うという、とってもスリリングな書物との出会いの歓びを、何処かで失わせてしまっているのが図書館でもあるのです。

3

本を買うという行為には、色んな効用（？）があります。自分が労働して得たお金で、その作者が精魂込めて発表した書物を買うということは、ある意味その作家との、対等な立場を築くということでもあるのです。何故ならその作家、あるいはその本をつくった出版社の人たちは、その本を売ることによって、生計をたてている。生活をしている。そうした著者の労働と自分の労働とが対等の位置関係をもつということ、それが本を買うというきわめて単純な行為によって実現されるわけです。

読むより買え。誤解を招くことを承知でいえば、読むということと同等の価値をもっているのが、本を買うという行為だといいたいのです。

これまた譬《たと》えですけれども、わたしはたとえば凍《い》てた一日の、焼き芋屋のおじさんのところで焼き芋を買って家族の待つ家へ届ける、そんな風景を思いうかべます。焼き芋はホカホカです。いかにも美味しそうです。直ぐにでもそれを食べてみたい。しかしそれを新聞紙に包んで、懐に入れて、あるいはバッグのなかに入れて、それをもち帰る時間の喜び。それはその焼き芋を食べるということ以上に、心をみたす時間でもあります。そして、それはどこか本を買うという行為の喜びにも似ているのです。

本屋さんで買った本を、バッグの片すみに入れて家路につく、あの何ともいえないウキウキした気分。帰ったらさっそくページをひらこう、さっそくこの本を読んでみようというワクワク感、あれはまさしく「焼き芋」を懐に入れて家に帰る、あの不思議な高揚感に似ているのです。

本を買うことが、すでに読書に匹敵する価値をもっている、といったら大げさかもしれませんが、本を買うという行為のもつ、大変重要な役目をわかってもらえるでしょうか。本を読むと同じように、本を買うことも大切、そんな気がするんです。何どもいうように、本を買うことで、その本を書いた著者と自分とが本当に結び付いたという、かけがえのない実感がもてるからです。

4

日頃からお世話になっている図書館の悪口をいったらバチが当たるのですが、本を借りるという行為には、もう一つ落とし穴があります。

それは人（や図書館）から借りた本、自分で買ったわけではない本。そういう本には、当然のことながら、その本を読んで内容を理解するという、その根本的な点における責任を負わなくてすむという、いわば本に対する無責任さが容認されているわけです。いや、無責任さとまでいえば反対意見の人もいるでしょうが、少なくとも「自分で買わなかった本」を読むのと、「買った本」をよむのとでは、その本にむかう緊張感にちがいがあるのは当然です。もっというなら、本のページをめくることへの真剣さ、一途さにも大きなちがいがあるといっていいでしょう。
自分が身銭《みぜに》をきって買い求めた本には、もうそこで、その著者に対しての最低限の礼儀を尽くし、わたしはあなたの本を手に入れましたという、いわばその作家に対する愛情宣言をしているわけです。でも本を借りて読むという読者と本の関係には、そういう愛情宣言はありません。いわばそれは、あなたと貸し主のあいだの信頼関係によって実現したその本とあなたの出会いであって、あなたがお金という犠牲を払ってその本に対してアプローチしたわけではないからです。

もちろん「この本を読んだらとても良いから、君も読んでごらん」「あなたにも読ませたい」そういう形で本が人の手に渡り、その人がまたその本を貸してくれた人と同じような感動や共鳴を、その本から得るということはすばらしいことです。ある意味で、その本を貸してくれた人は、あなたに貴重な読書体験をあたえてくれた恩人であるともいえるでしょう。

であるならば、よけいにその本を自ら買ってほしいのです。自分で働いたお金で、その本を正真正銘の自分の本にしてほしいのです。もちろん、実生活に追われて、本を買う余裕などないという人もいるかと思うのですが、たとえ年に一冊でもいいから、ちょっと会計費を切りつめて本を買ってほしいのです。

繰り返しますけれども、別に出版不況で本屋さんが大変だから、出版社が大変だから、そういっているわけではありません。読書の極めて基本的なスタートが、身銭をきって本を買うという、その単純な行為から生まれるのだということを、もう一ど再認識してほしいと思っているのです。

5

わたしは子どもの頃、本屋さんで立読《たちよ》みをする時間が大好きでした。わたしの子どもの頃というのは、昭和二、三十年。まだまだ戦後の日本が混乱から立ち直っていない、食べる物も十分にあたえられていない時代でした。食べ物ばかりでなく、衣食住すべてが貧しく、大半の国民は生きるのが精いっぱいの毎日でした。そして、もちろんテレビも普及していなかったし、今のようなインターネットも

*名探偵シャーロック・ホームズのシリーズ　英国の小説家アーサー・コナン・ドイル（一八五九〜一九三〇年）の六〇編にわたる探偵小説。日本では一八九四（明治二十七）年に短編が最初に翻訳されている。全作品が翻訳されたのは一九三一〜一九三三年『世界文学全集・ドイル全集』（全八巻、改造社）。

携帯電話もなかった。ですから、あの時代における読書というのは、わたしたちにあたえられた唯一の娯楽であり、休息であり、教養であり、輝かしい青春を形成する大切な一要素でした。

毎月初めになると本屋さんの店頭には、たくさんの新刊雑誌がならびます。あの頃は『少年』とか『おもしろブック』とか『太陽』だとか、たくさんの血沸き肉躍る物語を綴った雑誌が店頭にならんだものです。ちょっと上級になると、名探偵シャーロック・ホームズのシリーズ*や、グリム童話*や、ファーブルの『昆虫記*』なんかが人気でした。わたしたち子どもは、それを立読みに行くわけです。あの頃の本屋さんのおじさんは、そういう子たちをけっして邪険にハタキで追い払おうなどとはしませんでした。あの物不足だった時代、言葉に飢え活字に飢えていた子どもたちの心を、本屋さんは暖かく見守ってくれていた感じがします。今もコンビニなどで、雑誌に読み耽っている、立読みをしている若い人たちの姿をよく見ますけれども、わたしたちが幼かった頃のような本屋さんと立読み少年との関係とは、残念ながらちょっぴり違うような気がします。

――五章「読む」より「買え」

＊グリム童話集
ドイツの文献学者・言語学者グリム兄弟がまとめたメルヘン集『子どもと家庭のための童話』（一八一二、一八一五年）で、日本では明治期に巌谷小波などが翻案を出している。全訳本は金田鬼一訳『完訳グリム童話集』（一九二五年、岩波文庫）。

今から思うと、あの立読みの時間は本を買えなかった子どもたちが、「いつかこの本を買おう」「自分が社会に出て、お金を稼ぐようになったら、いつか気に入った大好きな本を買おう」——そういう憧れ、羨望が凝縮された時間が、あの立読みの時間だったんではないかなと振り返るのです。

そう、あの「立読み」は、当時の子どもたちが将来の自分を夢みる時間であり、やがて「大人になる」ことへの心の準備の時間でもあったのでしょう。本屋さんの店頭で、「立読み」することによって、ますます本への憧れをつよめ、いつか立派な社会人になって好きな本を思うぞんぶん読める（買える）生活を築きたい。できれば、自分もこういう雑誌にのせてもらえるような漫画家や作家になりたい。それにはもっともっと勉強しなければ、がんばらなければ……あの頃の「立読み」少年の頭のなかは、そんなふうな明日への希望でみちみちていたのでしょう。

読むより買え。一見乱暴に聞こえるこの言葉は、わたしが過ごしたそういう活字への飢え、本への飢え、そういったものから生まれた読書生活のスローガンとうけとってもらっていいかもしれません。

＊ファーブルの『昆虫記』
フランスの博物学者ジャン＝アンリ・カジミール・ファーブル（一八二三〜一九一五年）が様々な昆虫の観察結果をまとめた『昆虫記』は、ファーブルが五十五歳（一八七九年）から約三十年にわたって書き上げた。日本での初訳はアナキスト大杉栄による『昆虫記』第一巻（一九二二年、叢文閣）。

六章

書棚は一冊の辞書

1

かならずしも本を読まなくても、その一冊の本を手元に置くということだけでも、大きなものを人間にあたえてくれる。――それが書物というものの存在であると申し上げてきました。

ツン読は、かならずしも軽蔑にあたいするものではない。ツン読にも立派な価値がある。また、本を買うという行為のもつ意味――、そうしたことを、縷々《るる》申し上げてきました。

また、書棚に並んだ自分の蔵書は、そこにそれがあるだけでいい。その蔵書はかならずしも、本を読むということだけに目的があるわけでなく、その書棚に並んだ本そのものが、自分の人格の一部を表している。人生を表している。そうやって、好きな本を収蔵してきた道のりは、そのまま自分の生きてきた道のりであるともいえる。――そう申し上げてきました。

そう、わたしは、書棚というのは一冊の辞書だと思っているのです。一冊の辞書。辞書というものは、いわなくてもわかることですけれど、色々な言葉、そしてその言葉がもっている意味、歴史、それらをわたしたちに教えてくれる貴重な書物です。

最近は電子辞書だとか、インターネットの普及で、あの大きなブ厚い、わたしが幼い頃から親しんでいる『広辞林』*だとか『広辞苑』*とか『言海』*とか、ああいう分厚い辞書をめくっている人は少なくなりましたけれども、ま、そんなことはどっちでもいい。そのツール（辞書としての形態や手段）がどんなものであったにしても、とにかく辞書というものは、わたしたちの日本語のもっている多くの可能性、言語の可能性をわたしたちに伝えてくれる、大切な羅針盤、言葉の羅針盤であろうと思うのです。何しろ一冊の辞書には、一つ一つの言葉がもつ意味や解釈が記されているだけでなく、自分の考えたり感じたりしていることが、い

*『広辞林』（こうじりん）
三省堂刊。一九〇七年に刊行、最後は「第六刷」が一九八三年に発行された。

*『広辞苑』（こうじえん）
岩波書店刊。「第一刷」は一九五五年刊行。最新の「第七刷」は二〇一八年発行。

*『言海』（げんかい）
国語学者・大槻文彦が私家版として四分版を一八八九～一八九一年に刊行。大槻没後、大幅に改訂されて一九三二年に冨山房より『大言海』として刊行された。

ったいどんな言葉に置きかえられるかを教えてくれ、それによって、自分がめざす人生の方向をそっと指し示してくれたりするのですから。

では、どうして、書棚が一冊の辞書であるのか。

わたしたちは人生のなかで色んな体験をして、生きていくわけですけれども、その体験のなかで、悩んだり苦しんだり、悲しんだり、一生という時間を終えるまでに、そういった大きな人生の壁にぶつかります。その度毎《たびごと》に、じつはわたしたちは気付かないうちに、自分の書棚のなかの一冊が自分に教えてくれている、色々な人生観、価値観、ときには恋愛観、宗教観、死生観、そういうものをどこかで人生の糧として生きている。つまり書棚というものは、わたしたちにとって人生の意味を問う、考える、そのときにかくべからざる一冊の指南書であると、そう思うのです。

2

書棚が一人の人間の人格であり、人生観の分身であるならば、わたしたちはその自分の蓄積された書棚のなかから、色々な人生の示唆や教えを得ながら生きているともいえるでしょう。それゆえにたとえ十冊であっても、あるいは百冊であっても、自分が人生の途上で出会った書物を書架に並べ、それに囲まれて生きるということが大切になってきます。要するに、一つの書棚はいつも机の上に置かれている一冊の辞書、いつでもめくれることができる自分専用の『広辞苑』と考えていいんじゃないでしょうか。

これも前にのべましたけれども、かつて文学全集の巻頭に、よく芥川龍之介や森鷗外や太宰治の、あの思索に満ちた相貌を撮影した写真が載せられていましたが、その後ろにぎっしりと積まれていた、ズラリと並んでいた、その書斎の書棚の存在感。作家のバックグラウンドとして存在していた書物の圧倒的な力。わたしが少年時代、あるいは青年時代に影響を受けた多くの作家たちが、それぞれ手持ちの辞書を自分の書棚にぎっしりとつめこんでいたということに、今、あらためて気付かされるわけです。

小林秀雄*という評論家の言葉だったでしょうか。

「歴史というものは、ただ知識や学問で学んだだけでは、本当に学んだことにならない。その学んだ歴史の体験を、今現在の今ある自分の人生に活かさなければ、本当に学んだことにはならない」

そんなふうに語っていたことを思い出しますけれども、まさしく本をもっということもそういうことです。

「歴史」を「書物」といいかえれば、わかりやすいかもしれません。

「書物」から得られるものは、知識や学問だけではなく、その「書物」が自分の人生をいかに変える力をもっているかという、「書物」の無限の可能性であるといっていいのです。

ある意味において、一冊の本をその書棚の一隅に収めるということは、自分が

*小林秀雄（こばやし・ひでお）一九〇二～一九八三年。文芸評論家。近代日本文学の再検討、創造的批評の実践で昭和期の文芸評論を確立した。『ドストエフスキーの生活』『無常といふ事』『モオツァルト』『本居宣長』など著書多数。

生きている人生に、いつか役立つにちがいない「心の杖」を用意することにほかならない。今後生きる人生の道のりのなかで、その一冊が必ずや必要とされる日がくる。その本のなかの一行、あるいは一編の小説、ある一つの評論が、いつか自分の人生の生きる明日の力となる。一冊の本を得るということは、そういう自分のやがて来る未知の明日にむかうための大切な伴走者を得ることにほかならない。そう考えるわけです。

人生という一冊の辞書。それは人によってはブ厚い何百ページ、何千ページの辞書をもっている場合もあるし、非常に薄っぺらな辞書しかもっていない人もいる。ぎっしりと自分の書棚に、自分の愛する本を並べるということ。それはイコール自分の人生という辞書をつくる作業なんだと考えてもらいたいのです。

せっかくこの世に生まれてきたいじょう、自分が生きた六十年、八十年の人生のなかでしか味わえない体験だけではなく、自分と同じように人生を全《まっと》うした多くの先輩の人たち。その人たちの残した尊い言葉、かけがえのない教え、そういうものを、いつも自分の身辺に置いておく。それが人生の一冊の辞書をもつということだと思うのです。

いや、人生の先輩の言葉だけじゃありません。自分と同世代の人、あとにつづく若い人たちがどんな考えをもって生きているか、それを確認する手段が、一冊の辞書をめくるという作業であるといえます。

つまり、それぞれの人間が、それぞれの思いのもとに書物を集めた、それぞれの書棚は、自分以外の人間の教えや考え方を、明日の自分の生き方に活かしていくための、大切な栄養分になるわけです。

書物を身辺に置くということは、人生の常備薬をすぐ傍らにおいておくのと同じ、といえるかもしれません。

3

個人的な話になりますが、このあいだ面白い本を一冊みつけました。その名も『絶望名言』*。書名からして何だかそそられる気分になりませんか？

*『絶望名言』 NHK「ラジオ深夜便」の書籍化。頭木弘樹・NHK〈ラジオ深夜便〉制作班・川野一宇著、二〇一八年、飛鳥新社刊（文庫版は二〇二三年、同社刊）。『絶望名言2』は二〇一九年、同社刊。

じつはこの本は、ＮＨＫのラジオ深夜便という番組内で、頭木弘樹《かしらぎひろき》さんという方が月一回アナウンサーと対談する形で、古今東西歴史上の偉人や文学者が「絶望」について書いたり語ったりしている言葉を紹介してゆくという内容の本で、夜更かし族のわたしは以前からこの番組をよく聴いていたのですが、たまたま書店に行ったときにその書名に眼がとまって購入したのでした。

著者の頭木弘樹さんという方を、わたしはそれまでくわしく存じ上げなかったのですが、肩書きの「文学紹介者」というのがまず気に入りました。「評論家」でも「批評家」でもなく、「文学を紹介する人」というスタンスの肩書きに、大変好感をもちました。そして、その頭木さんは若い頃命にかかわる大病をされたとき、希望にあふれた言葉よりも絶望について書かれた言葉のほうに何倍も励まされたというのです。病気の恐怖や苦しみと闘っているときに、明るい「希望」の言葉から元気や勇気をもらうのではなく、むしろ「絶望」の言葉から生きる力をもらっただなんて、何だかちょっと変な気がするのですが、じっさい頭木さんは先人がのこした数々の「絶望」を語る言葉によって、病気の孤独や恐怖から救われたといっているのです。

『絶望名言』のまえがきに、頭木さんはこんなふうに書かれています。


「絶望名言」――おかしなタイトルですよね。「希望名言」なら説明は不要だと思います。希望に満ちた名言なら、誰でも聴きたいでしょうから。でも「絶望名言」だとどうでしょう?

「なんでそんなものを聴かなければならないの?」と思う人のほうが多いかもしれません。

でも、たとえば失恋したときには、失恋ソングを聴きたくならないでしょうか?

それと同じで、絶望したときには、絶望の言葉のほうが、心に沁みることがあると思うんです。


なるほど、と思いました。

わたしたちは災害とか病気とかの困難に直面したとき、書物や歌のなかにある

「希望」の言葉に励まされるものです。よく金メダリストが母校の後輩にむかって、「自分を信じてがんばれば必ず困難をのりこえられる」とか「努力を重ねれば必ず夢は叶う」とかいうのをききますが、本当のことをいえば、この世の中には「努力してものりこえられない困難」がたくさんあり、「いくらがんばっても叶わない夢」というものもあるのです。いや、努力のすえに「金メダリスト」になれる人なんてほんの何パーセントかで、大半の人々は「夢の叶わない人生」を生きているのです。そう考えると、病床にあった頭木さんがいわゆる成功者が口にする「希望」にみちた言葉よりも、いわば世の中の多くの敗者（?・）から発せられる「たとえ叶わぬ夢でも追いつづけたい」「金メダルをとれなくてもベストをつくしたい」という言葉のほうに勇気づけられ、元気づけられたとしても何のふしぎもないでしょう。

4

ついでですので、わたしが購入した頭木弘樹さん著『絶望名言』のなかから、病臥していた頭木さんを励ましたという何人かの文学者の言葉を紹介しておきましょうか。

まず最初のほうに出てくる、チェコ・プラハ生まれの作家フランツ・カフカ*のつぎのような言葉――。

ぼくは人生に必要な能力を、なにひとつ備えておらず、ただ人間的な弱みしか持っていない。

（八つ折り判ノート）

無能、あらゆる点で、しかも完璧に。

（日記）

*フランツ・カフカ　一八八三〜一九二四年。現在のチェコ出身の小説家。プラハのユダヤ人家庭に生まれ、保険局に勤めながら小説を執筆。代表作に『変身』『審判』『城』など。

どちらもカフカの日記やノートの切れ端《はし》に綴られていた言葉のようなのですが、何だか自分のことを言われているような錯覚におちいります。

頭木さんは、大学生のときに難病を発症し、十三年間にわたって療養生活を送った人だそうで、そのときに唯一の救いとなったのが、このカフカの文字通り身もフタもない絶望的な言葉だったというのです。

たしかに味わい深い言葉です。何より、正直な言葉です。人間には「強さ」もあるけれど「弱さ」もある。日頃は「強さ」ばかりを他人にみせて生きていますが、一皮むけばみんな「弱さ」をもっている。このカフカの言葉は、そんな人間の「弱さ」を真正直に、ストレートに告白している言葉です。頭木さんは病気で苦しんでいるときに、このカフカの言葉のもつ「人間だれもがもっている弱さ」に励まされたのではないでしょうか。

つぎは『罪や罰』や『カラマーゾフの兄弟』で有名なロシア文学を代表するドストエフスキー*の言葉です。頭木さんは、ドストエフスキーのこんな名言を紹介しています。

*フョードル・ミハイロヴィチ・ドストエフスキー
一八二一〜一八八一年。ロシア帝国時代の小説家。トルストイ、ツルゲーネフと並ぶ十九世紀ロシアを代表する文豪。日本では一八八八年、内田魯庵が『罪と罰』を英訳本で読んだのが始まりとされる。

まったく人間というやつはなんという厄介《やっかい》な苦悩を背負い込んでいかなければならないもんなんだろう！

（創作ノート）

人生には悩みごとや苦しみごとは山ほどあるけれど、その報《むく》いというものははなはだすくない。

（作家の日記）

これまた絶望的な、救いのない言葉ですね。

頭木さんはインタビューで、「どうもドストエフスキーの小説は長編すぎて、おまけに文章がくどくど長すぎて苦手なんです」といい、「何年も間をおいては挑戦して、やっぱり無理だった作家でした」とまで言っているのですが、病気していたときには、その長ったらしい面倒くさい文章が非常にわかりやすく、すうっと心に入ってきたとものべています。病床についているときには、頭の中が心配事でいっぱいになっているので、むしろドストエフスキーの少し難解な文章のほうが、心配事から一時的に自分を解放してくれるような気がして大変心地よかった、といった感想をのべられているのです。

つぎに登場するのは、まあ日本文学のなかでは「絶望」のエキスパートともいえる芥川龍之介の『侏儒《しゅじゅ》の言葉』*に出てくる言葉です。

万人に共通した唯一の感情は
死に対する恐怖である。
道徳的に自殺の不評判であるのは
かならずしも偶然ではないかもしれない。

あらゆる神の属性中、最も神のために同情するのは、神には自殺の出来ないことである。

芥川龍之介はご存知の通り、一九二七年に三十五歳で睡眠薬自殺をとげた作家

*『侏儒の言葉』 月刊誌『文藝春秋』一九二三年一月号から一九二七年九月号まで連載された。芥川は一九二七年七月に自殺。単行本は同年十二月刊、文藝春秋社が初刊。現在は文庫本で読める。

ですが、晩年の作品『侏儒の言葉』には、いわば龍之介の「死」に対する意識、認識、考え方の一切がつめこまれているといっていいでしょう。この作品そのものが、芥川龍之介の文学的暗喩であると同時に、「遺言」そのものであるといえるかもしれません。

とりわけ頭木さんを励ましたのは、同じ『侏儒の言葉』のつぎのような一節だったといいます。

人生を幸福にするためには
日常の瑣事《さじ》を愛さなければならぬ。
雲の光、竹の戦《そよ》ぎ、群雀《むらすずめ》の声、行人《こうじん》の顔、
——あらゆる日常の瑣事の中《うち》に
無上の甘露味を感じなければならぬ。
人生を幸福にするためには
——しかし瑣事を愛するものは

瑣事のために苦しまなければならぬ。
人生を幸福にするためには
日常の瑣事に苦しまなければならぬ。
雲の光、竹の戦ぎ、
群雀、行人の顔
——あらゆる日常の瑣事の中に
堕地獄《だじごく》の苦痛を感じなければならぬ。

この言葉に、病床の頭木さんは衝撃をうけたといわれるのです。日常のごくささやかなことを大切にし、その美しさに気付くことが、人を幸福にしてゆく。そして芥川はこう続ける。そうしたささやかなことを愛する人間は、そのささやかなことに苦しめられなければならない。つまりささやかなことで幸せを得た者は、同じようなささやかなことで苦しめられもする。それが人生であり、人間の宿命なのだと。

もっともっと紹介したい「絶望名言」はあるのですが、ここではこれくらいにしておきましょう。

いずれにしても、わたしは頭木弘樹さんと同じように、この『絶望名言』という本とめぐり合って、何だか大変トクしたような気持ちになりました。へえ、本のなかにはこんな本があるのかと感心しました。そして、あらためて一冊の「書物」というものが果たす役割の大きさに気付かされたのでした。

頭木さんにとって、「絶望名言」は、いってみれば「絶望の辞書」でもあったといえるのでしょうね。

七章

「感想文」より「感動文」を

1

前にもちょっと紹介したように、わたしが長野県の上田市というところで経営している、戦没画学生慰霊美術館「無言館」という美術館は、先の太平洋戦争、またさかのぼって日中戦争、そういったこの日本が辿ってきた戦争の歴史のなかで、戦地に行って還って来られなかった画学生さん、いわゆる絵描きのタマゴの遺作や遺品が展示されている美術館です。戦時中美術学校に通っていて、将来は絵描きになろうという志を抱きながら、戦場に駆り出され帰って来られなかった人たちの絵を収集し展示しているのが、この「無言館」という美術館であるといっていいでしょう。

「無言館」が開館したのは一九九七年五月でしたから、もう二十五年以上活動を続けているわけですけれども、この戦地で亡くなった画学生さんの絵の前に立った多くの人々は、まるで打ちひしがれたように無言で、肩をおとして、この美術館を後にします。生きて帰ったら、さぞかし立派な絵描きになっていただろう。現在の画壇を背負う、代表する素晴らしい絵描きになっていたかもしれない。そういう若者の可能性を、あの理不尽な戦争が奪って行ってしまった。そうした持って行き場のない無念の思いを胸に抱いて、来館者は家路につくわけです。

あの戦時下、絵を描くという志だけに一路邁進して、絵筆を取り続け、ある若者は妻や母、兄弟、妹、お姉さん、また幼い頃に故郷の山河を駆け回った竹馬の友を描いて、画学生たちは戦地に発ったわけですけれども、その絵の前に立てば誰しもが、あの戦争というものの悲惨さ、理不尽さ、なんとわたしたちは大切なかけがえのないかれらの才能を奪ってしまったのかと嘆息するのは当然のことです。二どとあの戦争という時代を繰り返してはならない。そして今ある平和という時代を、もう一どわたしたちは見つめ直さなければならない。そういう思いをもつのも当然のことです。

「無言館」内観

「無言館」を訪れる来館者の大半は、そういう思いに打ちひしがれて、無言のまま美術館を後にするのです。ただいくどもこの「無言館」を訪ねている来館者、いわゆるリピーターのなかには、そういった感想だけではない、もう少し一歩二歩深い意味で、かれらの絵を見ている人たちもいます。

たとえば一番最初にかれらの絵を見たときには、戦争の悲惨さ、不条理さ、あの時代というものに生まれついた画学生たちの悲運、あんな時代にさえ生まれていなければ、かれらは画家として大成したのに……という、画学生たちの無念ばかりが胸を打ったけれども、二ど三どと足を運ぶうちに、もう一つべつの見方が芽生えてきた、という人たちがいるのです。

あの悲惨な戦争のさなか、静かに恋人や妻の姿を見つめて絵筆を動かす。あるいは日ごろから自分を可愛がっていてくれた、母親や父親、おじいちゃん、あばあちゃんをじっと見つめて描く。あの戦争下にあっても、こんなにも一途に自分の身近な人間に愛情を込めて描いていた、かれらのひたむきさ。そのことにあらためて胸をうたれるようになるのです。

2

今、わたしたちは、濁流のように流れる情報と、慌ただしいネット社会に追いたてられ、携帯の着メロが鳴り響く時代のなかに生きている。かれらが戦争中に絵筆を動かしていた、あの一つのことに打ち込むひたむきさを、いつの間にかわたしたちは、うしなってきてしまってるんではないだろうか。かれらの絵をみて、そのことに気付かされる人も多いのではないでしょうか。

たしかにあの戦争という時代に生まれた画学生は、悲運であったかもしれないけれども、しかしかれらはかれらで一枚のキャンバス、一冊のスケッチ帳のなかに、じゅうぶんに自分の青春を描き尽くしたのではないだろうか。そこには、ただ単に戦争犠牲者だとか、戦死者だとかという哀れな目でとらえられる、それだけでは済まない何かがある。じつはかれらだけがもっている、今生きるわたしたちにはない生き甲斐の輝きがあったのではないか。

――七章「感想文」より「感動文」を

考えてみれば、画学生たちの絵は、けっして平和運動や反戦活動、反戦デモのために描いていたわけでなく、ただ一途に自分が愛し、自分が感謝するごく身近な血縁者、あるいは妻や恋人を描いたのです。そこにはけっして戦争という時代に負けない、そういった時代に流されない「絵を描くこと」への強い意志、情熱があったといえるでしょう。

二ど三ど、「無言館」を訪ねてきて下さる方々のなかには、一番最初は、ただただ無念の涙しか浮かび上がらなかったけれども、何どもかれらの絵を見つめているうちに、かれらのもっていた、そして今生きる我々がもっていない、「ああ、人間というものは、こんなに純粋な生き方が出来るんだ」というような、そんなかれらの絵のもつ、もう一つの価値に気付かされる人たちがいるのです。

3

「無言館」という美術館の出口には、「感想文ノート」が置いてあります。

それは、「無言館」の遺作や遺品を鑑賞した人たち、訪ねていらっしゃった方々の感想が書かれているノートです。全ての来館者が感想を書いて行くわけではないのですが、来館者のほぼ五分の一ぐらいの人が書いていって下さっています。これらはぜんぶ纏めて一冊の小冊子にし、年一ど開かれる「無言忌」という全国の戦没画学生のご遺族、関係者が集まる日に、その一年分の「感想文ノート」をご遺族に手渡すことになっているのです。

さっきいいましたように、来館者の思いはまちまちです。一番最初に来た方の感想と、二ど三ど足を運んだ方の感想には、もちろん先ほどいったように大きな違いがあります。同時に、「無言館」という美術館に対する色々な注文、考え方、それもたくさん書きこまれています。

「無言館という美術館は、戦地で亡くなった画学生さんの魂を、今の時代に伝える貴重な施設である」

「戦争の時代の記憶がだんだんと薄れて行く時代にあればこそ、この無言館が伝えていかなければいけない、大切なメッセージがある」

無言館「感想文ノート」

そういうお誉《ほ》めや賛辞もたくさんあるのですが、それだけではないのです。

たとえば
「なぜこの美術館では、日本の画学生だけを取り上げているのですか？」

「かれらもまた、銃を取って戦争に参加した加害兵の一人ではないか。かれらの銃の前には、敵国の兵隊がいたわけで、そのなかにも、またやはり芸術を志していた若者がいたかもしれない」

「日本人の画学生だけを取り上げている無言館は、どこか国粋主義的で、もっと広い意味での戦争というものを考える視点をもっていいんじゃないか」

あるいは
「画学生たちの生い立ちや、戦地で亡くなるまでのエピソードが書かれている解説を読むと、どこかお涙頂戴、過剰なまでの感傷的な表現と、ひたすらそれを賛美する文章があって、それがむしろ、純粋に絵を見る障害になっている」

そんな、なかなかきびしい意見が書かれているときもあります。

しかし、こうした言葉こそある意味で、美術館を経営する側の人間にとってみれば、とても大切な情報です。

一つの仕事は、その仕事に取り組んでいる人間だけの考えで出来るものではありません。その仕事を見つめる多様な眼差し、多くの人たちの意見、そういうものを吸収して仕事というものは発展し、進んでいくわけですから、「無言館」にとっても、その感想文ノートのなかに記される批判や忠告も、とても重要な美術館経営のエネルギーになっている。日頃から、そう思っているのです。

4

そんなことを踏まえて、また書物の話に戻りますが、わたしなどのところにも、小学生や中学生、あるいは高等学校の生徒さんに話をしてくれ、そんな仕事を依頼されることがあります。

ついせんだっても、山梨県、群馬県の高等学校に行って、わたしの美術館のことや、日頃受験勉強で疲れている生徒さんに、絵を観る楽しさなどを伝えてきたんですけれども、そうやって若者たちの前で喋っていて、一つ気付いたことがあるんです。

かれらは、わたしの一時間から一時間半くらいのマズイ講義を聞いた後、かならず感想文というものを書かされるわけです。わたしを招いて話を聞いて、そのあとその話に対する自分の考えを書かされるという、その時間も授業のカリキュラムの一つなのでしょう。当然、先生としては、その話を聞いた後の生徒たちの反応というか、感想を知りたいわけですから。

わたしはいつも思うのですけれども、人の話を聞く、あるいは本を読む、絵を観る、芝居を観る、他にも色んなものがあります。スポーツを観戦するのもそうですし、映画を鑑賞するのもそうです。旅行で綺麗な景色を見たり、色んなところを訪ねたり。当然その後には、その人それぞれの感想が生じるわけですけれども、あの感想文を書くということは、ある意味で本当の感動をうしなわせる原因になるのではないかな、と考えるときがあるのです。

わたしも中学時代、読書感想文コンクールというものにずいぶん応募しました。

一、二ど何かのコンクールで佳作の御褒美を貰ったこともあります。たしかに自分がその人の話を聞いた、あるいは本を読んだ、絵を観た、その感想をまとめる能力というのも大事です。自分が何を考え、どういう気持ちになったかということを文章にして記録することは、日頃から自分が何を考えていたかということを再確認する作業でもあります。自分はそういうことに心を打たれたんだという、確認する作業、それが本当の意味での感想文であるといえるでしょう。

ただ、わたしは子どもたちのなかには、その感想文を書くことに追われてしまって、いかに上手に感想文を書くかということに心をうばわれてしまって、こと、の本質とむき合う大切な機会を逃しているんではないかな、と考えるときがあるのです。

身近な譬《たと》えではこういうことがあります。

「無言館」という美術館は、俳句を詠まれたり、短歌を詠まれたりする来館者がおおいのですが、ある高名な俳句の先生がおっしゃっていたのには、「言葉の無い館《やかた》と書く無言館の名前には、そのまま俳句の季語に使っても良いくらいだ。無言館という館名じたいが、歌の一環を成している」。そうまでおっしゃっていただくと身に余る光栄なのですが、わたしはどうもその、自分が歌をつくる、俳句をひねるという、そういう良い俳句を詠み、良い歌を詠むということと、静かにその空間に佇むこととは、相容れるようでいて相容れないんではないだろうか、そう思うことがあるのです。

つまり、歌を詠まない。俳句もつくらない。感想文も書かない。ただ何か雷鳴にうたれたような衝撃をうける、「無言館」を訪ねたそのときに、雷鳴の稲光を心に受けたようなショックを受けて、口では言葉で表わすことが出来ない、自分が何をそこで感じたかの整理もつかない。その未整理で言葉化出来ない沈黙の感想とでもいうのでしょうか、それも実に大事なものではないかなって思うことがあるのです。

もちろんそうした感動的な出会いが、やがて血肉になり、ある時間の経過とともに、一つの句となって詠《うた》われ、一つの歌になって歌われることは大事なことですし、その受けた感銘なり共鳴が、その人の自己表現としてもう一ど再生産されていくということも、すごく大切なことであり、それもまた絵を観ること、本を読むこと、人の話を聞くこと、そのことの結果として歓迎されることだろうと思うのです。

しかし、あまりにそちらに気をとられすぎると、せっかく画学生たちの絵を見て感じた初々しい感覚が、心から消えてしまう可能性があるのです。絵を見ながら、この絵をどう俳句に表わそうだとか、どんな言葉で表現しようかだとか考えていたら、その作品に真っ白な気持ちで向かい合うことが出来なくなってしまう。絵を鑑賞するのに、もっと大切な「何も考えない白紙の気持ち」で絵と対峙するという、基本的な姿勢がくずれてしまう、そんな気がしてならないのです。

もう一どいいたいのは、感想文を書く、良い歌を詠むということは、かならずしもその人のベストな感想を表現する方法とはいえないのではないか。心の動揺や衝撃や戸惑いやためらい、その未整理な感情をそのままもち帰るということも、別の意味で大切なことではないかなと思うのです。そう、本当に心から感動したら、とてもではないけれど「感想文」など書けないでしょう。本当に感動したら、ただただ胸を熱くし、言葉をうしなってそこに立ちすくむしかない、という人もいるでしょう。

そうそう、「感想文」は書けても「感動文」なんてなかなか書けないものなのですから。

5

ここで最初のほうに話をもどすのですが、美術館と図書館を背中合わせに建設したということは、二つの施設が一本の地下水脈で繋がっている部分もあるということを知ってもらいたかったからです。そして、そのなかで美術館や図書館があたえられるものは、極めて整理のつかない、ひと言ではいい表わしようのない、本来そういうものであるべきではないか。そうも思うのです。

一冊の本を読むということ、一点の絵とめぐり会うこと。もっと芸術表現の幅を広げれば、ある小さな一遍の詩と出会うこと、あるいは美しい音楽と出会うこと、それはすぐさまそこで感想文が書けなくても、やがて自分の人生のなかにじんわりと、それこそ漢方薬のように、生きる体力、人生の活力に繋がってくるものである。ま、そんなふうにいったらいいでしょうか。

子どもたちに感想文ということを強いることが、かれらの心を何処かで畏縮させ、何かその人の話を聞けば、それを上手に言葉でまとめなければいけない気持ちにさせている。わたしが小中学校、あるいは高等学校の講演に行きますと、わたしの顔も見ないで一心不乱にノートを取っている子の姿があります。また無言館という美術館に来ても、絶えずそこに並んでいる画学生の作品の解説や、その画家の略歴や何かを一生懸命ノートに書きとめている子がいる。これは明らかに学校に帰った後、今日、無言館を訪ねて、どのような気持ちになったか、先生から感想文を求められているからだと思うんですけれども、あれはどうもいただけない。

もっと自由にのびのびと、ノートなんか仕舞いこんで、それこそ真っさらな気持ちのまま絵と出会い、一冊の本と出会う、人の言葉と出会う、それもまた大切なことではないかなと思っているのです。

そういえば、ついこのあいだ、地元の中学生たち五十名ほどを連れたこんな先生がいらしたことをききました。

この先生は、約一時間ほど「無言館」で画学生の絵を生徒に鑑賞させたあと、子どもたちをすぐ下にある市営の公園（「山王山公園」といいます）で自由に遊ばせたそうなのです。薄暗い「無言館」のなかで、戦没画学生の絵と一時間も向かい合っていた生徒たちは、緊張から解放されたからでしょう、大喜びで公園の芝生に寝転がったり、サッカーをはじめたり、ブランコに乗ったり、それはそれは大はしゃぎ。気がつくと、先生までがその輪のなかに入って走り回っている。

そして、これもあとから館員にきいたことなのですが、先生は一通り子どもたちに公園で遊び回らせたあと、最後にこういったそうなのです。

「今日はお疲れさま。でも、こんなに自由に遊び回れるのも、今の時代が、さっきみんなが『無言館』で観てきた画学生が生きていた戦争の時代じゃないからなんだよ。平和だからこそ、ぼくたちはこんなに自由でいられるんだよ。それを忘れちゃいけないよ、ハイ、解散」

そう、これが「無言館」鑑賞の最良のあり方だと思うんです。

文句ナシ、拍手。わたしはこの先生に表彰状をおくりたくなりました。

八章

「本」と旅に出よう

1

昔からよくいわれる言葉に
「もし無人島に一人で行くときがあったら、あなたはどの本を一冊携えて行きますか？」

という問いかけがあります。

無人島で暮らさなければいけない、何もないところでポツンと一人で生活をしなければいけない。そのときに一冊もっていく本があるとしたら、それはどんな本ですか？　という問いかけです。

これは本というものと人間との本源的な関係を問う言葉であり、同時に本と人間との関係の濃密さを語っている言葉だと思います。人間は確かに衣食住、ご飯を食べて雨風を凌ぐ住居に住んで、衣類を着て、暮らしている。この衣食住が保証されてさえいれば、人間の最低生活は営まれるというふうにいわれますけれど、それだけで人間が生きてゆけるものか、それは疑問です。本当はそこに一冊の本が必要なのではないか。「本を読む」という時間が必要なのではないか。無人島に行ったら、どの本をあなたはもって行きますか？　という問いかけは、人間が生きるにあたって、衣食住と同じように、本というのもまた、かくべからざるものなのだということを、暗黙のうちに伝えてくれている、そんな言葉なのだと思います。

昔……といっても、これは昭和三十年頃、わたしがまだ十代半ばだった頃でしょうか。寺山修司*という好きな詩人の作品に、「書を捨てよ、町へ出よう」という言葉がありました。あれは寺山修司さんのいわゆる街頭劇、野外劇のタイトルだったと思うのですが、当時の若者たちに大変なインパクトをあたえたタイトルでした。

「書を捨てよ、町へ出よう」――人間は書物というものに拘束されて、その書物

*寺山修司（てらやま・しゅうじ）　一九三五〜一九八三年。詩人・歌人・劇作家。早稲田大学在学中に短歌「チェホフ祭」で注目されたが、腎臓炎で長期入院。大学中退後、ラジオドラマ・戯曲・映画シナリオなどを書く。一九六七年に演劇集団「天井桟敷」を結成、「毛皮のマリー」「書を捨てよ、町へ出よう」などを演出。また、映画「田園に死す」（一九七四年）では芸術選奨新人賞を受賞。

の定めや教えから逃れることが出来ない。書物の影響をうけて、自分の本当の姿を見失う危険性がある。そういうものを捨てて、町に出ようじゃないか。これはつまり、若者たちを拘束している、既成の常識や約束ごと、そういうものを断ち切って外の世界に行こうという象徴的な、きわめて寺山修司的なキャッチコピーだったわけです。

一見、離れ小島に一冊の本をもって行くとき、あなたはどの本をもって行きますか？　という問いかけと、書を捨てて町に出ようという言葉とは、どこか乖離し、正反対のことをいっているように思えますけれど、じつはわたしには、二つとも同じことをいっているような気がするんです。

つまり確かに一つの本を読んで、その本の教え、その本が伝えてくれること、そのことに縛られて次の行動が鈍ったり、あるいは本来自分がやろうと思っていたことを諦めたり、そんなふうになってしまったら、それはたしかに読書の弊害であるといってもいいでしょうか。

かつて徳田秋声《しゅうせい》*という『縮図』とか『あらくれ』とかいった、味わい深い長

*徳田秋声（とくだ・しゅうせい）
一八七一～一九四三年。小説家。明治期の作家・尾崎紅葉門下で、紅葉死後、『新世帯』『黴』『あらくれ』などの私小説・心境小説を発表、自然主義文学の代表的な作家となった。

編小説を書いた小説家がおりましたが、その徳田秋声も、書物の弊害、読書の弊害を説いています。小説を書いている当人が、本の効用を否定しているというのもヘンな話なのですが、秋声のような日本文学史上に大きな足跡をのこした作家からそういわれると、何となく納得してしまう気分にもなります。

本を読むことによって、その内容の力によって自分の心に手カセ足カセが生じてしまい、むしろ自分の考えや思索を深めることのマイナスになってしまう。したがって、いたずらに書物に溺れることなく、読書以外の人生関係を深めることのほうが、何倍も人間の成長をうながす。いいかげんに読書の世話になるのを断ち切ってこそ、新しい明日がはじまるのではないか。そんなふうに文豪徳田秋声はいっているのです。

しかし、そのいっぽうで、無人島に一人で行かなければいけなかったとき、本をもって行くか、という問いかけを自分に発することもまた、非常に重要に思われるのです。それは何も自分の行動を縛り付ける、考えを硬直化させる、そういうものをもって行こうとしているわけではないんですね。

これは、無人島に行けば、ずいぶん時間がある。たくさん時間がある。そのたくさんある時間を、あなたはどの本に向かって費やしますか？　どの本を読むことで、膨大な無人島での時間を過ごしますか？　という問いかけです。

そのことによって、自分の行動が縛られたり、あるいは自分が本当にやりたいという活動が出来なくなったり、そういうものではない。無人島に抱えていった一冊の本を読むということ。そのこと自体が、その人の自由な生命活動の一つなのである。書を捨て町に出ようという考えにも賛成。書物の弊害も百も承知、そのうえで、自分の好きな本をもっていって、無人島で読もうじゃないか。

さっき書物と人間との深い関係ということを申し上げたのは、じつはこの書物のもっている「毒」といっていいでしょうか。そういう書物のもっている「悪」とでもいったほうがいいかもしれない。そういうものを含めた、書物の存在をわたしたちは、仮に無人島に行くときには、携えて行くべきであり、そんなときに携える本を、あなたは一冊でもいいから用意しておきなさいといっているわけなのです。

2

　さて、ここでわたしは（無人島にゆく前に）、あなたに一冊の本をもって旅に出ることをすすめます。それはお尻のポケットに入る、小さな文庫本でもいいですし、余裕があったらバッグのなかに一冊か二冊、日頃から読みたいと思っていた本、読もうと思っていたけどなかなか時間がなかった本。そんな本をつめこんで下さい。旅は日常から自分を開放して、ふだんにはない時間をあなたに提供してくれます。列車に乗っている時間。あるいは飛行機の搭乗時間を待つ時間。あるいは見知らぬ町を、ゆっくり散策する時間。そんなときにぜひ、本をもって行って欲しいのです。

　それは、どうしてもその本を読まなければいけないとか、帰るまでにその本を読破しておかなければいけないとか、そういう義務感を伴わない、いわば旅のアクセサリーとしてです。誤解を招くことを恐れずにいえば、身にまとうマフラーやジャケットなんかと同じような感覚で、一冊の本をもって行ってはどうでしょうか。わたしはぜひ、無人島以外のところへ行くときにも、本を携えていって欲しいと思っています。

それでは、じゃあ一冊の本はその旅に対して、どういう力をもつのか、影響をもつのか。

それは自分という人間のものの考え方や、ものの感じ方、そういうものを常にピュアに、新鮮にさせてくれる。そういう働きが本の存在にあるということなのです。

自分の気に入った一冊の本を携えるということには、自分の感性を瑞々しくさせておく。そういう効果があるのです。一冊の本がある。お茶を飲みながらペラペラっとめくる。冒頭の一行、あるいは何ページ目かにあるフレーズ、あるいは後書きのなかにある印象的な言葉。けっして一冊の本を通読、完読しなくても、そうしたたくさんの言葉が散りばめられた、その一冊の書物を携えることが、折りに触れて自分の心身を心地よく刺激してくれる。

見知らぬ町でお茶を飲んでいるとき、ぼんやりと町の人の波をながめているとき、あるいは並木道をそよぐ風の音に耳をすませているとき、そういう時間をすごす自分の感性を、眼にみえぬところで磨いてくれる。そういう非常に素敵な役割を果たしてくれるのが、旅先に携える一冊の本であると思うのです。

3

わたしは今でもそうですけれども、昔からよく本をもって歩く方でした。とりわけ、わたしの青年時代というのは、たとえば昭和三十年代は、芥川賞を受賞した大江健三郎*さんの作品、あるいは石原慎太郎*さんの作品が世の中を席巻していた頃でした。今もたくさんの若い作家たちが輩出されますけれど、わたしたちの青年時代にも、いわば文学のヒーローのようなたくさんの人たちが社会に登場していたのです。

わたしなんかは、高校時代からそうした文学作品、たとえば大江さんの本や石

*大江健三郎（おおえ・けんざぶろう）
一九三五～二〇二三年。小説家。東京大学在学中に短編『飼育』（一九五八年）で芥川賞受賞、戦後の新しい世代の旗手となる。一九九四年には日本で二人目となるノーベル文学賞を受賞した。

*石原慎太郎（いしはら・しんたろう）
一九三二～二〇二二年。小説家、政治家。一橋大学在学中に『太陽の季節』（一九五六年）で芥川賞受賞。一九六八年には参議院議員選挙に当選、その後、衆議院議員、東京都知事を歴任。

原さんの本を脇に挟んで登校したものです。それは、今考えるとちょぴり恥ずかしいくらいなのですが、おしゃれなアクセサリーの一つであり、ある意味で知のイミテーションとでもいうんでしょうか。その本を携えることによって自分の教養が高まったような、あるいは高まって見てもらえるような、そういう何かこう……ウキウキした「本をもつ」というファッションがあったのです。

わたしは七十半ばをすぎた今でも、たとえそこに本をもってゆく必要がなくても、旅に出る前に書棚から一冊二冊抜き出して、バッグの底につめこみます。旅先ですから、あんまり重い本は敬遠して、なるべく文庫本だとかの軽い本をえらんで、一、二冊の本を携えてゆく。それを習慣にしています。

なかなか無人島にゆくチャンスはめぐってきませんが、それが日帰り旅行であっても、一冊の本をもって旅に出るということは、何か自分の大切な分身と一緒に旅行をしているような、その本と一緒に、見知らぬ町を歩いているような、何か目に見えない充実感が獲得できます。「一冊の本」という同伴者が、それはそれは優雅な旅の時間を約束してくれるのです。ぜひ、一冊の本をもって旅に出てみようではありませんか。

一冊の本をまるで、ワンカップのお酒のように列車の窓際に置いて、ぼんやりと車窓の風景をながめる。この場合、ムリをしてもっていったその本を読む必要などありませんし、あくまでもアクセサリーであればいいのです。もちろん読むことに越したことはありませんが、すぐ傍らに手を延ばせば本がある。それだけでもいいのです。

それは、人間の人生に本というものがいかに手放すことの出来ないものであるかを知る時間になり、わたしたちがあらためて書物の役割を再認識する機会になるのではないでしょうか。

4

それと、これは個人的な感想かもしれないのですが、「本」と「旅」、あるいは「本屋さん」と「旅」とはふしぎとウマが合うように思われてなりません。読者のなかにも、旅に出たときにかぎって、フラリと入った旅先の町の書店で好きな本、買いたい本と出会うという人が案外多いのではないでしょうか。

じつはわたしがそうなのです。講演や取材などで行ったことのない町を訪れたときなど、何気なく入った本屋さんで、なぜか前々から関心をもっていた分野の本を見付けたり、探していた本と出会ったりする。そして、その本が無性に欲しくなる。そういう場合、困るのは自分が旅行者であることです。何しろ本は重い。一冊、二冊だったらまだいいのですが、三冊も四冊も購入したら鞄がパンパンになり、持って帰るのが一苦労ということになります。

もちろん、今の世の中には宅配便というテもあるし、アマゾンに注文という便利な方法もあるのですが、ふしぎと旅先で出会った本は、即刻その日のうちに持ち帰りたいという欲求におそわれるのです。買って帰りたくて買って帰りたくて、身体がムズムズしてくる。ときには重い鞄を下げてホテルに帰ってきて、すぐさま本をひろげ、夜おそくまで読みふけってしまうなどという経験もあります。あまり上品な譬えではないかもしれませんが、まるで旅行先で偶然出会った恋人と一夜を明かすような気分で、ふだんの何倍もその本の内容に入りこんでゆくのです。

これも個人的な見解ですが、人間には旅に出ると（急に日常と違った環境で一人ですごすことになると）、いつもより何倍も思索や思考の脳の働きが活発化し、活字や文章に接したいと思うようになる傾向があるのではないでしょうか。

もう一ついっておくと、旅行先で入った書店にはそれぞれの土地にふさわしい、いわゆる「郷土の本」が置いてあるのが魅力です。その土地ならではの伝統、文化、風俗、習慣、歴史などに焦点をあてた本が多いのです。見のがせないのは、その土地土地でがんばっている小さな出版社が地道に努力して刊行した本がならんでいる「郷土の本」コーナーです。そこには、人口数万の小さな地方都市で長く出版事業に取り組んでいる、文字通り本づくり根性にあふれた編集者の作品がズラリとならんでいるのです。

わたしの住む長野県の上田市は、ご存じ池波正太郎*さんの『真田太平記』でも

*池波正太郎（いけなみ・しょうたろう）
一九二三〜一九九〇年。小説家。五回候補となったのち『錯乱』で直木賞を受賞。時代小説・歴史小説の作家として、シリーズ『鬼平犯科帳』『仕掛人・藤枝梅安』『剣客商売』ほか多数の著作を手掛ける。

*山本鼎（やまもと・かなえ）
一八八二〜一九四六年。大正期の洋画家、版画家、教育者。長野県上田に居住し、自由画教育運動、農民美術運動を展開した。作品は上田市立美術館に収蔵。

有名な歴史のある町なので、いきおいそうした「真田モノ」を中心にした本が多いのですが、それだけではありません。わたしが上田にくるきっかけとなった大正期の天才画家村山槐多や、その従兄にあたる画家であり数々の美術運動の推進者でもあった山本鼎*、倉田白羊*、石井鶴三*などといった上田と縁のある画家の評伝や画集、めったに手に入らない研究書がたくさん棚にならんでいます。いずれも、地元小出版社の並々ならぬ情熱のモトに刊行された本といっていいでしょう。

わたしがたまたま講演に招《よ》ばれた見知らぬ土地で、ブラリとその町の書店（古書店もいいですね）に入ってみるのは、そういうその土地でしか出会うことのない本との出会いを期待してのことなのです。

旅は道連れ、世は情《なさけ》、なんて諺もありますが、やはりわたしにとって「本」と「旅」とはきってもきれないものであり、わたしの旅は心のどこかで、そんな「本」という恋人をもとめるトキメキの旅であるといえるのかもしれません。

＊倉田白羊（くらた・はくよう）
一八八一～一九三八年。洋画家。山本鼎に協力し、長野県上田で農民美術運動を推進した。

＊石井鶴三（いしい・つるぞう）
一八八七～一九七三年。大正・昭和期の彫刻家、洋画家、版画家。上田市に石井鶴三美術資料室がある。

終章

オリーヴの読書館

1

さあ、そろそろこの本にも結論らしきものを書かなければいけないときが来ました。

冒頭から申し上げているように、わたしがいいたいことは、本というものはかならずしも、本というものを読むということだけに囚われる必要はない。本には、その本そのもののもつ、本そのものの存在が果たすわたしたち人間社会に対する役目がある。わたしたちは、それをもう一ど見直してもいいんじゃないだろうか。それが、この本のなかでわたしが一番いいたいことでした。

本はけっして読まなければ持ってはいけないものではなくて、たとえ本を読まなくても、たまたま立ち寄った古書店や本屋さんで、ふと心が動いて衝動買いした本、それだけであなたのそばに置かれる資格があるのです。人に何をいわれようと「ツン読」でけっこう。自分の日常の傍らに本を置いておく。それだけでもじゅうぶんに本というものの効果を得ることが出来る。

また、感想文など書かなくても良い、というスタンスも大事にしてもらいたいです。本を読んで気の利いた感想の一つも書かなければいけないと思うと、だれだって憂鬱です。気が重くなる。本はもっと自由に、あまり肩に力を入れず、何気なく冒頭の数ページ、尻ッポの方の何ページか、それだけ読めればもうじゅうぶん。大切なのは、その本が自分の生活のすぐ傍らにあること。思い立ったときに手を延ばせば、書棚の一角からいつでもその本を引き出すことが出来る。それが大事なのです。

そして、書棚は一冊の、いつでも引くことのできる人生の辞書であるということ。このことも今回この本のなかで、いくどとなく繰り返してきたことです。そう考えると、おのずと自分の書棚をどういう本で埋めるかが重要になってくるでしょう。仕事のこと、恋愛のこと、趣味のこと、人生のこと。人間が一生のうちに悩んだり苦しんだりするテーマは、人によってそれぞれ違います。そうした問題にぶつかったときに役立ち、ヒントをあたえてくれる本、あるいは何どでも読み返し、反芻したい本、ぜひあなたの眼でそうした本をさがし出し、自分の書棚を飾る「蔵書」にしてほしいものです。

2

さっきもいいましたが、わたしの美術館は、長野県の上田市という、これは信州のなかでも東の方にあたる小さな町なのですが、その町外れの海抜六百七十メートルくらいの、美しい木立に囲まれた里山の上にあります。丘から見える盆地の風景もまたとても美しく、遠くに浅間山が見え、あるいは上田のシンボルでもあり、里山のシンボルでもある太郎山という山が見え、また眼下には銀の帯を投げたような千曲川がキラキラ光って見えるという、大変ゼイタクなところにあります。

その美術館のそばに、十五年ちょっと前に「オリーヴの読書館」という図書館をわたしはつくったのです。

このオリーヴという命名は、二十数年前からパレスチナで活躍されていた八鍬《やくわ》瑞子《みづこ》という女性彫刻家が、その頃からすでに長くイスラエルとの紛争の地と化していたパレスチナから、二十本近いオリーヴの苗を持ってきて下さったのがきっかけで付けれられた名です。残念ながら、信州の冬は寒く大変凍てついたところなので、管理も大変ですし、オリーヴを育てるにはかならずしも向いているとはいえないのですが、それでもそのうちの何本かは立派に成長して、今では図書館の内庭であの独特の葉が実を付けています。

その「平和」の象徴ともいえるオリーヴを、建設された図書館の名前に取り入れて、上田市郊外の山ふところに「オリーヴの読書館」という小さな図書館がスタートしたわけです。

いってみればこの図書館は、森のなかの図書館です。窓からは深々とした緑の樹々がながめられ、鳥のさえずりがきこえ、心地よい風が吹きこんできます。

よく森林浴という言葉をききます。あるいは日光浴という言葉もききますが、とくに森林浴というのは大変身体に良いそうです。木立のもっている栄養、ビタミンが、その森の道を歩くだけで、あるいは木に囲まれたその場所でくつろぐだけで、人間の身体を浄化させ清らかにさせてくれる。そういう効果があるようなのです。

わたしは、この森の光を浴びる森林浴の効用は、わたしの図書館における書物浴の効用と同じなのではないかと考えます。森林浴をするのと同じ気分で、書物浴するという経験を、ぜひ多くの人たちに楽しんでもらいたいなと思っているのです。

先年亡くなられた井上ひさし*さんの何かの本に、こんな言葉があったのを思い出します。

「ある精神科医の調査によれば、ナチスドイツの強制収容所で、最後まで頑張ることができたのは、体力のある人間ではなく、家族や恋人や友人や知恵など、な

*井上ひさし（いのうえ・ひさし）
一九三四〜二〇一〇年。小説家、劇作家、放送作家。一九六〇年代に放送作家として「ひょっこりひょうたん島」を手掛け、七二年『手鎖心中』で直木賞受賞、八三年には劇団こまつ座を立ち上げる。代表作に小説『吉里吉里人』、戯曲『小林一茶』など。

にか自分の愛するものを持っていた人間だそうである。この場合知恵とは、自分はこのような不条理に耐えなければならないなどを考える精神力のことである。まさに知恵を愛することは体力にまさる力だ。哲学の森で知恵浴を楽しみながら、精神力をきたえたようではないか」

何という適確な言葉でしょう。

あまりに素敵な言葉なので、手帳にメモをしておいたくらいなのですが、この「哲学の森」「知恵浴」を、そのまま「言葉の森」「書物浴」といいかえてもらえば、わたしのいいたいことズバリであるといっていいでしょう。

3

「オリーヴの読書館」は、冒頭にいいましたように戦没画学生慰霊美術館「無言館」の、第二展示館の出口近くにあります。戦地で亡くなった画学生さんの絵を見終わった後、出口まで来ますと、ぎっしりと本の積まれた書棚が天井まで高々とそびえています。まるでそれは、ちょっとした「本の壁」です。イヤ、「本の砦」かな。

もちろん時間のない人、先を急ぐ人は、そのまま出口からお出になって構いません。しかし、ちょっと時間のある人、そこでひとときの時間をすごしても構わない人たちは、その書棚を見上げながら、そのなかに気に入った本があったら手を延ばして、傍らの小さな椅子に腰を掛けて、ちょっとその本とふれあってゆく。そんなことができる図書館になっているのです。

わたしは、この本のなかでクドイようにいっているのですが、本は読まなくても良いのです。イヤ、場合によっては（そのときの状況や心境によっては）、手に取らなくてもいいのです。

その書物の光を浴びる。ズラリとならんだ本の「背文字」から放たれる光を、身体に取り入れる。ただそれだけでも、じゅうぶんに「書物」のパワーを得られることがあるといいたいのです。

「ああ、こんな作家がいたな」

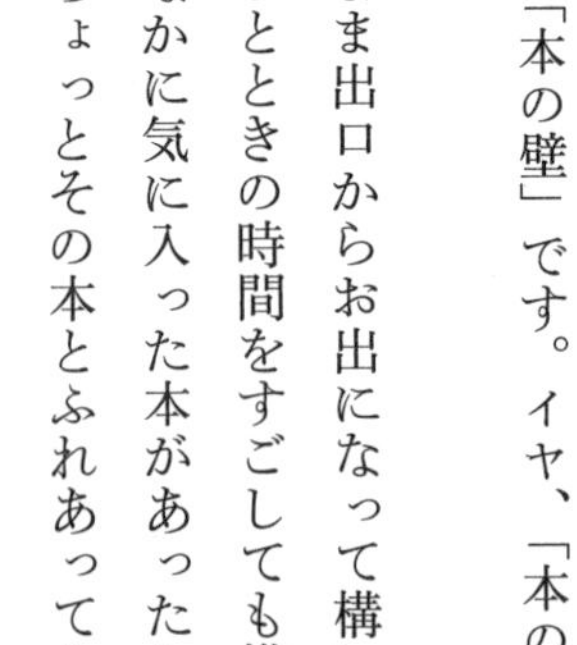
「オリーヴの読書館」内観

「そういえば、こんな本があったな」

「この本、話題になったな」

「この作家さんには、こんなに数多くの作品があったんだ、全集を出されていたんだ」

なかには
「この文字は、どう読むんだったかな」

「この本のタイトルは、面白いな、装幀がシャレてるな」

人それぞれ、いろいろな自問を繰り返しながら、天井までとどく書棚の前を散策する。そんな人々の背は、書棚にぎっしりとつまった本の背表紙の放つ光でそまっています。そう、それこそが、「森林浴」ならぬ「書物浴」の理想の風景なのです。

色んな本がぎっしりと書棚を埋めている。たくさんの著者が、心血をそそいで書いた本が、書棚からじっとわたしたちをみすえている。わたしの美術館を取り囲む、信州上田の海抜六百七十メートルの木立のように、ぎっしりと書棚につまった書物がわたしたちを見下ろしている。それでいいのです。それだけでいいのです。そんな本たちの眼差しをあびながら図書館の片すみに静かに佇むだけでもOKなのです。

4

図書館の入口の板に、わたしの書いた言葉が書かれています。

本の光をあびよ
そこに本がある
それだけでいい
それだけでホッとする

本の光を浴びる

本の匂いをかぐ
本の鼓動をきく

読んでもいい
読まなくてもいい
今日一日を
書物浴の日にしてみないか

そんな短い詩のような言葉が、オリーヴの読書館の入り口に飾られているのです。

もちろん書物は、その本を読破してもらいたくて書かれた作品です。書いた人にとっては、読んで心身の血肉にしてもらいたい、人生の役に立ててもらいたい。その本を書いた著者の目的が、そこにあることは自明です。その本を発行した出版社の方々の思いも、そこにあります。

しかし、あまりそのことを重荷、プレッシャーにして考えてしまうよりは、そういう自分の心に対する働きかけをもっている、自分に無数の聞こえぬ声を発してくれている、そういう本をつねに傍らに置き、その本の林を歩く、本の森を歩く、そういう書物浴をするだけでも、わたしは書物と人間のあいだに健康な関係が築かれてゆく。そう信じているのです。

どうか、信州上田にいらっしゃったときは、わたしが営む小さな美術館、小さな図書館をぜひ訪れ、絵の光、本の光をぞんぶんに浴びてお帰りになって下さい。

少し長めのあとがき――ある「幻の図書館」のことなど

最近、あるヒョンな縁から、わたしは近代作家たちの直筆原稿を手に入れました。高浜虚子、丹羽文雄、林芙美子、大佛次郎、北原白秋……などといった、文字通り近代日本文学の礎を築いた作家たち三十八人の直筆原稿*です。

わたしは、その会ったこともない作家たちの直筆原稿に接して、作家の裸ん坊の姿を見たような気がしました。これらの直筆原稿は浄書に近い原稿といってもよいくらいきれいに書かれたもので、その一字一字から書き手の緊張感が伝わってきました。メモとか心覚えに書いておくとかいうものではなくて、作家が心から書いているというか、緊張感が伝わってきました。なぜ作家がその言葉を使って、そのこと、その風景を描写したかということが、直筆原稿からはっきりと見

＊直筆原稿
「近代作家　直筆原稿38人展」二〇二三年十一月十一日～二〇二四年三月三日、於：堀辰雄文学記念館、軽井沢町追分宿郷土館。展覧会終了後は「KAIT AEPITAPH残照館」に隠れコレクションとして収蔵される。

えてきたのです。さらに書き手のパッション（熱情）、あるいは文章にこめられた感情の一切がその文字のなかから汲みとれました。

いまわたしたちは、本に印刷された文字をとおして、または液晶画面に映し出されたフォントをとおして、小説やエッセイなどの文学作品を読みます。作品を味わうという意味ではそれでじゅうぶんなのですが、もう一歩踏み込んで、その作品を書いた作家の「息づかい」を知ろうと思ったならば、その作品を自分の手で「写す」ことをお勧めします。自分の手でその作品を一字一句書くことによって、作家の書く文章のテンポやリズム感、次の話題への切り替え、つまりなぜここで「、」「。」を打ったか、なぜここで改行したのかなどを知ることができます。これは人間の呼吸の仕方に似ているのではないかと思います。

じっさいわたしも、父親の作家水上勉の文章を書き写したことがあります。書き写してみて初めて、これほど水上勉の文章には「、」「。」の句読点が多いのかと驚きました。活字で読んだ時はちっともそれを感じていませんでしたのに。逆に、わたしが若いときに謦咳に接した戦後文学の巨匠・大岡昇平氏の文章は、書籍で読んだ時は句読点が多く感じられたのですが、書き写してみると――それは大岡さんがずっと傾倒しておられた富永太郎*についてのエッセイでしたが――、あんがい句読点が少ない。

作家が作品を原稿として書く場合、どういう言葉をつかって、どういう考え方を持って、どういう描写をするか、作家の内面でのせめぎ合いがあって、ようやく文章として血肉化されていきます。そして、それを自分自身で「書き写す」ことによって、わたしたちはその生身の作家のこころに近づくことができるというわけです。

直筆原稿を読む、あるいは関心ある作家の文章を書き写すという作業の醍醐味は、まさにこの作家のナマのこころに触れることだと思います。

くりかえしますが、近代作家たち三十八人の直筆原稿を見ることで、わたしは直接的に作家の「息づかい」を知ることができました。同時に、それは人間という生きものとしての呼吸活動であり、いわば人文一体とでもいえる。作家の肉体

＊富永太郎（とみなが・たろう）
一九〇一～一九二五年。詩人、画家。小林秀雄、中原中也とともに文芸誌『山繭』同人で詩を発表。二十四歳で夭折。評伝に大岡昇平『富永太郎』がある。

と精神が合体する「音」をきいたような気がするのです。

この直筆原稿は、栗本和夫*という方が蒐集したものでした。中央公論社の編集者として活躍された方で、のちに中央公論美術出版という美術書を出版する会社を創業されます。栗本氏は晩年、この直筆原稿を含め数万冊の蔵書を収蔵した図書館の建設にいどんだ方でした。長野県諏訪郡富士見町の自然林の中に、全私財を投げうって建てた、「小さな美しい自分自身の読書の場としての図書館」(栗本氏の言葉)です。建築家の谷口吉郎氏が設計した素晴らしい図書館でした。しかし、栗本氏はこの図書館の開館を見届けることなく、一九八〇年に六十九歳の生涯を閉じました。谷口吉郎氏もその前年、彼の晩年最後の作品としての栗本図書館を残して亡くなっています。

わたしは栗本和夫氏が自身の蔵書を収め、「自分自身の読書の場」としてつくろうとしたこの図書館を「幻の図書館」と名づけました。存命中についに眼にすることが叶わなかった栗本氏にとってこの図書館は、青春の頃から夢見た栗本氏自身のための図書館でした。その図書館が開館する直前に、栗本氏は亡くなり、

*栗本和夫(くりもと・かずお) 一九一一年~一九八〇年。一九三五年、中央公論社入社、四六年同社専務取締役、五六年中央公論美術出版創立。著書に『一図書館の由来記』(一九八〇年、同社刊)。

彼の夢は「未完」で途切れましたが、図書館は栗本氏が亡き後も「財団法人栗本図書館」としてしばらく活動し、二〇一三年に正式閉館しました。ただ、栗本氏にとって「幻の図書館」であっても、それは「未完」の図書館でありながら、何か「真の図書館」として、わたしたちの心に大きな糧を残してくれているような気がします。

わたしは読み手として、あるいは書き手として本と出会いますが、いま思うことは「未完」の匂いのしない作品は面白くないということです。「未完」の匂いのする作品とは、読み手にとって、この作品の登場人物はこのあと、どういう生き方をしていくのだろうか、作者はなぜこのような作品を書いたのだろうか、などを読了後に考えさせる答えのない答えをさがさせる作品のことを言います。書き手としても、いくつもの候補から選び出した文章を刻んで、作品というかたちで提出し、やがてその作品が読者の手に届くわけですが、読者はその作品を読んで、さまざまな感想を抱き、さらにその先にある作家の「思い」や「迷い」や「不安」を想像するところに、本を読む目的があるといえるでしょう。

わたしは、本当の物書きは、結論の出ないものを追い続け、最後にその結論が出ないものを読み手に託して、書物に一切の願いを込めて、立ち去る職業だと考えています。「未完」の作品とは、このような思いを読者に抱かせる作品であり、作者も作品からこぼれおちる思いを抱いて次なる作品に向います。わたしは栗本氏の思いが込められた、そしてついに完成をみることが叶わなかった「幻の図書館」から、その「未完」がいかに真実の言葉を生む力をもっているかということを学びました。

わたしは一九七九年に長野県上田市に、村山槐多や関根正二などの夭折画家の作品を集めた「信濃デッサン館」を開館しました。奇しくもその年は、栗本和夫氏の「幻の図書館」の竣工の年でした。また一九九七年にはその分館である「戦没画学生慰霊美術館　無言館」をつくり、その隣りにわたしの蔵書を集めた「オリーヴの読書館」を建設しました。

本文中にも書きましたように、「信濃デッサン館」は近年、そのコレクション

「残照館」内観

の大半を長野県立美術館に手放し、いまは「KAITA EPITAPH 残照館」という館名に変えて、僅かに残った村山槐多の小さなデッサンなどをならべ、週末の何日間かだけ開館しています。負け惜しみではないですが、「無言館」とちがってこの「残照館」には来館者がほとんど来ない。ときとして来館者ゼロという日もある。でも、受付にすわっているだけで何ともいえない幸福感をおぼえるのです。この人があまり来ない美術館のなかにいると、飾られた絵が「呼吸」しているのがきこえてくるからです。これは「絵好き」にとってはたまらない時間です。わたしはそこに何となく栗本和夫氏が「幻の図書館」に抱いていた理想をみるのです。栗本和夫氏もまた「幻の図書館」のなかで、本一冊一冊から発せられる「呼吸」を感じ、それを自分一人で味わいたいと願った人なのではないでしょうか。

わたしはこの本で、本を読む行為、書くという行為について、またそれらの本や美術作品を収めた図書館や美術館という空間について、わたしのささやかな経験や思いを語ってきました。これらの空間の中で、作家の魂を込めた作品は、永遠に生きつづけてゆきます。わたしもそうした作家たちがのこした「未完」を追いかけて、今の仕事をつづけていきたいと思っています。

二〇二四年一月

窪島誠一郎

窪島誠一郎（くぼしま・せいいちろう）
1941年、東京生まれ。印刷工、酒場経営などへて、79年、長野県上田市に夭折画家の素描を展示する「信濃デッサン館」（現KAITA EPITAPH 残照館）を創設、1997年、隣接地に戦没画学生慰霊美術館「無言館」を開設。2005年、「無言館」の活動により第53回菊池寛賞受賞。2016年、平和活動への貢献により第1回澄和フューチャリスト賞受賞。
おもな著書に『父への手紙』（筑摩書房）、『信濃デッサン館日記』Ⅰ～Ⅳ（平凡社）、『無言館ものがたり』（第46回産経児童出版文化賞受賞・講談社）、『鼎と槐多』（第14回地方出版文化功労賞受賞・信濃毎日新聞社）、『父　水上勉』『母ふたり』『「自傳」をあるく』『流木記』（白水社）、『最期の絵　絶筆をめぐる旅』（芸術新聞社）、『夭折画家ノオト』『蒐集道楽』『愛別十景　出会いと別れについて』詩集『のこしてゆくもの』『窪島誠一郎コレクシオン』全5巻『枕頭の一書』（アーツアンドクラフツ）など多数。

読《よ》むこと　観《み》ること

2024年3月1日　第1版第1刷発行

著者◆窪島誠一郎《くぼしませいいちろう》
発行人◆小島　雄
発行所◆有限会社アーツアンドクラフツ
東京都千代田区神田神保町 2-7-17
〒101-0051
TEL. 03-6272-5207　FAX. 03-6272-5208
http://www.webarts.co.jp/
印刷　シナノ書籍印刷株式会社

落丁・乱丁本はお取り替えいたします。
ISBN978-4-908028-93-9　C0095

窪島誠一郎コレクシオン　全5巻

I	**美術の眼** 近現代美術作家篇
II	**美術の眼 2** 夭折画家・近現代画家篇
III	**美術館随想** 『信濃デッサン館日記』篇
IV	**無言館随想** 戦没画学生慰霊美術館篇
V	**美術小説篇** 『石榴と銃』『鬼火の里』他

◉全巻内容
四六判並製カバー装　カバー箔押し　本文9ポ1段組　平均350頁
著者後記（全巻）　定価＝各巻2600円＋税